冒険監督《ボウケンカントク》

塚本晋也

ぱる出版

はじめに

映画作りとは、冒険です。

頭の中で構想している分にはとっても楽しく、自分は天才じゃないかと誰しもが思うでしょう。げんに僕も映画作りの行程で一番楽しいのは最初に夢想しているときです。まだ勝手に自分の頭の中だけで自由に想像の翼を羽ばたかせることができますから。

さて、これが多くの人の手を借りて形にしていくとなると大変です。特に僕のように気が小さい人間は、よほど自分に理解を示してくれる人とでないと長い映画作りという行程を乗り切るのは難しいでしょう。

この本はそんな自分が、映画という難しい創作物を作り続けていくことができた冒険の足跡であります。こんなやつでもとりあえず映画というものはできるんだ、と少しでも楽しい気持ちになってもらえたらいいな、と思って作りました。

映画作りをして分かってきたのは、完成の瞬間を喜ぶだけでなく、試行錯誤を繰り返す映画作りそのものを楽しみたいということでした。皆で模索したい。新しい発見がしたい。お金をかけられないので、なるべく小さな材料で最大の効果を得たい。一見無駄に見えることでも、試してみないと分からない。未知なことなので簡単な答えなどないはずです。

皆さんがやりたいことが映画でなくとも、好きなことだったら、がんばれば形になるんだ、ということが伝わったら嬉しいです。

ひとりですべてをやるとよく言われますが、小さな自主映画では、監督、脚本だけでなく、製作、撮影、編集をひとりで行うのはよくあることです。8ミリ映画を作っていたころは出演も自分や身近な人に頼みました。必要にかられてやったことですが、そのすべてのパートが面白い。自分にとってはすべてがひとつになっての映画作りです。思えばディレクターズチェアというものに座ったことがありません。座っている暇がないからです。

もちろんそうは言っても、今では多くの信頼できるスタッフに様々なことをお願いしています。未知への挑戦へ長く関わってくれるボランティアスタッフはもちろん、僕の映画でキャリアを始め、外の現場にも行って力をつけて戻ってきてくれるプロのスタッフ、僕の果てしないお願いに納得のゆくまでお付き合いをしてくださるプロ中のプロのスタッフ。

そういうスタッフはほんものの宝です。

映画は僕の脳味噌に起こったことを形にしますが、どこかで僕のわがままだけで作っているわけではない、という意識があります。何か大事な作られるべきもののために、僕もそのメインの一員となって動かされている気がするのです。そうでなければ、皆に多くの頼みごとをする気にはなかなかなれないかもしれません。僕がこんなもんでいいや、と言ってしまうと、大きなものに背いて、大事なものを腐らせてしまう気がするのです。その罪は計り知れないものと感じています。

子供のころは泥んこ遊びを夢中でやりました。

大人になると……。大人になって泥の中で遊んでいたら少しおかしな目で見られるでしょう。

映画作りは、とても大事なものでありながら、大人になってもできる泥んこ遊びみたいなものです。しかも、思いきり真剣に挑まなければならない泥んこ遊びです。楽しいばかりでなく、今日は寒いから泥んこに入りたくないな、というときも身支度を整え、真剣にやらないといけません。

面白いことでしたら、いつでも間違いなく一生懸命になれますから。

冒険監督◉もくじ

第2章
冒険への序章
少年映画監督誕生す

第3章
カルトエンターテイメント世界を巡る

第5章
宣伝監督
映画を観客のもとに届ける冒険

第6章
時代を映す映画のテーマ

第7章　家族への想い　そして新たなる航海へ

［執筆協力］　轟夕起夫
［装丁］　山本和久（Donny Grafiks）

第Ⅰ章

新境地に立つ新作映画『斬、』見参！

冒険前夜

中学3年生のときに、小さなヨットを自力で作ろうとしたことがあります。極小の船室つきのイカダ式ヨットの設計図を描き、角材を買ってきて、「出来上がったら身近なところで浦賀水道を横断しよう‼」と。太平洋を小さなヨットで横断した堀江謙一さんに憧れていたので、どこでもいいからとにかく横断という行為をしてみたかったんですね。そのころの僕は、父親が買った8ミリカメラを回し、映画作りに目覚めたころですが、かたや「冒険家」にもなりたくて、将来海洋の道に進むか、それとも映画の道にしようかと、かなり真剣に悩んでいました。

さて、友達の家の車庫を借りて、船室付きの、2メートルほどの自家製小型ヨットをせっせとこしらえていたのですが、そこから退かなくてはいけなくなり、自宅の裏に立てかけているうちにだんだん壊れ始め、結局は2本目の8ミリ映画の大道具、美術セットの材料になってしまいました。

おそらくこのタイミングで〝冒険家への夢〟がなし崩し的に、でも半ば必然的に、映画製作の中へと流れ込んでいった気がします。

あれからずいぶんと時間が経ちましたが、映画を企画し、みんなで作り上げ、上映していくことは本当に大変ですけれども、いつも大きな山を端から崩していくようなワクワク感に満ち、毎回終わってみれば「まるで長い〝航海〟をしたみたいだったなあ」と思うんですよね。皆さんのもとへ届けるべく今年完成させた『斬、』という作品も、新たなる「冒険」の真っ最中です。

挑戦！新作時代劇『斬、』

『斬、』（18）は念願の、僕の初の時代劇で、〝都築《つづき》杢之《もくの》進《しん》〟という若い浪人が主人公です。タイトルデザインはすでに発表されているロゴを見ていただくと分かるように、一画目を、一直線の刀のイメージにしてあります。シンプルなタイトルを付けたくて最初は刀のイメージをそのまま文字にした『一』にしようかとも考えたんですけど、それだと語感が弱いし、意味づけしても何か前向きな印象がありますよね。どちらかと言うと残酷で暗澹としたイメージを醸し出したかったので、『斬、』に決めました。

『斬、』は、20年以上も前、1本の刀を過剰に見つめる若い浪人の話、という1行のアイデアが浮かんで以来、それを温め続けてきました。制作が始まる際までそこに肉付けされたストーリーはほとんどなかったのですけど、ずっと長い間、ワンアイデアとして残ってきたんですね。それがここに来て、俄然動き出したわけです。

浪人とはいえ武士ですから、いざとなったら刀を抜いて相手と戦わなければならなくなる。でも中には「なぜ、刀で人を斬らねばならないのか？」と、そう悩み苦しんだ者はいなかったのか。『斬、』というタイトルに「、」が付いているのは、「。」ではないということですね。相手を斬って事が収まり、完結するのではなく、「もしも斬ったらどうなる？」と問題提起の意味を含んでいます。撮影スタッフに見てもらって、「、」が斬ったあとの血や涙を想起させる……と感想をくれたので、これでいこう！　と決めました。

映画の舞台は、江戸時代の末期にしました。

およそ250年間、戦《いくさ》がなかった時代ですが、1853年、アメリカ海軍のペリー提督が軍艦4隻と共に来航し、開国を突きつけられるや、歴史の転換期を迎え、幕府を筆頭に世の中が一挙にワサワサとしてくるんですね。例えば京都のあたりでは佐幕派と呼ばれたグループとそうではない倒幕派の人たちが争っていて、この幕末の血なまぐさい〝不穏な空気〟は明治、大正になっても澱みを拡げ、第一次、第二次世界大戦につながっていく――。要は今という時代が、その幕末に似ていると思ったんです。そんな空気に押されて池松壮亮さん扮する浪人〝杢之進〟は刀を手に取り、深く苦悩します。

忍び寄る戦争の気配、『野火』から『斬、』へ続く心の叫び

この『斬、』は、スタイルこそ違えども、前作の『野火』(15)と一対になる作品かもしれません。戦後70年に発表した『野火』は、やはり長年温めていた企画だったのですが、〝戦争の気配〟が濃くなっていく時代の危うさを強く感じて、「これは一刻も早く手がけなくては！」と意を決して走り出して作った映画です。できることなら予算をかけた超大作として製作したかったのですが、撮影も宣伝配給もインディーズ体制の極みになってしまいました。が、その分、これまで以上に不安と期待に満ち溢れた、忘れがたい「冒険」が待っていました。

初め『野火』があまりに過酷な体験でしたので、次の作品は、もう少し静かなものにしようと思っていました。ところが〝戦争の気配〟はますます世界的に濃厚になっている。特に日本では、実際に戦地に行かれた、交戦の痛みを体で知っていらっしゃる方々が少なくなるにつれ戦争に近づく動きが明らかに強くなっている。何とか平静さを保とうとするのですが、「居てもたってもいられない、うわーっと叫び出したい衝動」に駆られ、その〝叫び〟を外に解き放たないと、とてもじゃないけどいられない。するとその叫びの中に、昔から考えていた「一本の刀を過剰に見つめる若き浪人」が動き出した。本作も『野火』と同じく、「やるなら今しかない！」と切迫した気持ちで挑んだ作品です。

具体的なところで意識的に継承したことを言えば、『野火』のラストは、主人公が窓の外に浮かび上がる炎を見つめるシーンで終わります。で、『斬、』の冒頭は炎から鉄の塊を取り出す刀鍛冶の描写で始めており、つまりは〝炎つながり〟なんですね。生活のシンボルでもあり、同時に戦火を象徴する炎の存在が通底しています。

炎を通して、『野火』に登場する数々の兵器が、その鉄の塊の源流を求めてさかのぼり、『斬、』ではそれを一本の刀に凝縮させ、ギュギュッとシンプルな形で描いてみました。スタンリー・キューブリック監督の『2001年宇宙の旅』（68）のプロローグ——類人猿が、一本の骨を道具や武器として使えることを認識すると、その骨を宙に放り投げます。するとその骨が大胆な比喩表現で高度な宇宙船へと変化している名高いシーンがありましたよね。その逆バージョンで、鉄製の武器の歴史を、『野火』から遡行して一本の刀へと凝縮させたわけです。

人間にとって、時に「鉄」は神にも悪魔にもなる

撮影しながら気づいたのですが、テーマは変わらず「鉄と人間」なんですよね。長編デビュー作『鉄男』(89)で〝鉄と人間の合体〟というテーマにがっつり取り組んで以来、僕の興味を刺激し続けてきました。

鉄は人間を幸せにもするし、破滅的にメチャクチャにもしてしまう。鉄の歴史は、人間の技術の歴史であると同時に殺しの歴史も司ってきました。果たして〝都築杢之進〟は、鉄と一体化するのか、しないのか？　ひとりの男の決断……向き合った相手に一本の刀を使えるのか否かのドラマを、観客の皆さんがどう感じるのかが大きな意味を持ってきます。僕ら人間は、〝道具であり武器〟にもなるうる鉄という物質に対

して、畏れと共にフェティッシュな愛情を持っている。その相反する感情も描きたいと思いました。

〝今〟を感じさせる俳優たちでスクリーンを彩る

キャスティングについて触れますと――。

この時代劇をそろそろ作るときがきた、と思い始めたあたりで、〝都築杢之進〟役に池松さんの顔が浮かんで消えなくなったんです。池松さんはご存知の通り、子供のころから活躍されている方なんですけど、失礼ながら僕が意識したのは割と最近で「演技していることを感じさせない、ただただ普通にそこに役の人として居るように見える。影の部分も感じさせ、何より〝今〟という時代を繊細に体現できる」佇まいに惹かれました。現在をリアルに生きている若者が時を超え、江戸末期にタイムスリップしたような配役にしたかったんです。それが完璧に実現して、申し分ありませんでした。

江戸末期というのは貧窮して藩から離れ、武士の多くがやむをえず浪人となったケースが特徴なのですが、〝杢之進〟もそうで、江戸郊外の農村で農家の手伝いをして何とか糊口をしのいでいます。隣の農家の息子〝市助〟は、オーディションで選んだ新人の前田隆成くん。農民でありながら〝市助〟は剣術に興味があり、毎日〝杢之進〟に木刀で稽古をつけてもらっている。〝杢之進〟の目的はと言えば、自分の腕を鈍らないようにすること。

〝市助〟の姉の〝ゆう〟役、ヒロインは蒼井優さんで、ここまでのキャスティングは皆、初めての方ばかりですね。蒼井さんはプロットを書いているときに、どなただったらこの難しい役をやり遂げてくださるだろう、と考えてみたところ、容姿が浮かんで頭から離れなくなってしまった。言うまでもなく素晴らしい映画女優で、なおかつ舞台でも活躍されている。僕の映画なんか興味ないかな……と思いつつ、一応、ベストのキャスティングを探っていこうとお願いすると、快諾していただけました。蒼井さん、意外にも僕の『双生児』(99)がお好きなんだそうです。

農民たちから恐れられている野武士の一団が絡んでくるのですが、重要なその首領の役には中村達也さんに出ていただきました。達也さんは、俳優デビューになった『バレット・バレエ』(98)、その後『野火』、本作とこれまでに3本、御一緒しました。

あの唯一無二の存在感ですからね、時代劇をやるときは是非に、と考えていました。

それからもうひとり、登場人物たちの生活に割り込んでくるのが、農村にやってきた〝澤村次郎左衛門〟という浪人で、僕が演じています。〝澤村〟は江戸で待つ仲間と合流すべく、〝杢之進〟と〝市助〟に対し「一緒に京都の動乱に参戦しないか？」と声をかけます。〝市助〟は思いがけず誘われて、戦《いくさ》に加われる喜びに血をたぎらせ、〝ゆう〟はそんな弟を心配し、想いを寄せている〝杢之進〟の身も案じます。そして〝杢之進〟はと言えば、〝澤村〟と行動を共にしようと決めるも、本当に自分が人を殺めることができるのか……と刀を見つめる。時代劇ではありますが、当然この現代を見据えた物語です。

もうひとつの主役、刀の存在感を強調する

〝杢之進〟と〝澤村〟、池松さんと僕の持つ刀はこの作品のシンボルでもあったので、専門店に注文し、デザイン的にも吟味して重量感が出るよう特別に作ってもらいました。

音響効果は『六月の蛇』（02）から全幅の信頼を置いている北田雅也さんにお願いしました。刀の効果音についても北田さん、さすがのこだわりようで。単にリアルなだけでなく、刀の重さを強調し、人が斬られる痛さを生々しく表現してくださいました。殺陣のシーン以外でも、蒼井さんと僕が床に落ちた刀の奪い合いをするシーンでは、ゴロゴロと、重い鉄の塊を転がしているような音がします。そればかりか、刀の音を映像に完全に合わせて収録できるよう、〝音響効果刀〟を開発してくださったんですね。これは刀身と柄が分離していてネジとボルトで締め付け、強度を調整することで微妙な音の違いを表現でき、ツバも交換可能なバリエーション豊かなものなんです。僕の映画は体感を大切にするので、映像だけでなく音響がとても大事になります。映像と音響で包まれるようにして観客に体感してもらいたいんですね。

映画に愛されている俳優たち

殺陣の指導は辻井啓嗣さんと、彼が率いるスタントチームGocooです。辻井さんはその道の重鎮で、僕の映画では古くは『ヒルコ／妖怪ハンター』（90）、『鉄男Ⅱ BODY HAMMER』（92）、それから『双生児』、『悪夢探偵』（06）、『悪夢探偵2』

（08）、『鉄男 THE BULLET MAN』（09）など多くの作品でアクションを担当してくださいました。

僕と池松さん、前田くん、達也さんは基礎から習いまして、皆さん、とても熱心に頑張ってくれました。意外だったのは、池松さんは今まで殺陣を本格的にやったことはなかったそうです。けれども練習風景を見てみたら、上達するのが早すぎてビックリしました。身体能力がとても高いのは、高校まで野球をやっていたのが大きいのだと思います。「日頃、特別なトレーニングはしていない」とのことでしたが、体に贅肉がなく、腹筋を触らせてもらったら「えーっ、これが運動をしないで？」とツッコミたくなるくらい綺麗に割れていて驚嘆しましたよ。殺陣のシーンでは練習段階から剣さばきが見事で、画面を通すとまた一段と映えるのがすごい。映画に愛されている、という言葉を聞きますが、まさにそんな方なんです。

〝映画に愛されている〟という意味では、蒼井優さんもそうですね。一挙手一投足がしなやかで、スクリーンに映されるために生まれてきたような役者さん。あの動き、あの演技がどこからくるのか。すべて意識されたものなのか、意識を超えてくるものなのかは謎です。

おふたりとも現場での集中力は想像通りに高く、なのに、そこに向かう姿勢はさりげなくて、そこにも心打たれました。なにぶんにもインディーズの現場ゆえに不備もいろいろある中、常に全体の進行にまで気を配ってくださっていたんですよね。待機しつつもいつでも本番に挑める準備ができていて、ですからすぐにカメラを回すことが可能でした。映画へのその真摯な取り組み方には、感動させられっぱなしでした。

危うい〝暴力の爽快感〟

蒼井さんに演じてもらった〝ゆう〟は、多面的な心を持ち合わせた、ある意味もっとも人間らしい人間像かもしれないですね。状況が変われば立場も変わり、考え方がガラリと豹変してしまう面を持っている。観察者であり、また共犯者にもなってしまいます。蒼井さんが、様々な顔を見せて魅力的に演じてくださいました。

〝杢之進〟は、武士として必要とあらば人を斬ることも厭わないと頭では理解していますが、自分の中に眠っていた、そもそも何で刀というものがこの世にあるのだ、という本質的な疑問に目覚めます。生や死のイメージが、理性、そして動物としての本能とないまぜになって渦巻いてゆきます。

それから、僕が扮した〝澤村〟という謎めいた浪人。剣の腕は相当のもので、野武士に怯える農民たちのことも考えて行動して、一見ヒーロー然としています。でも最後まで観届けていただくと、おそらく疑問が残ることでしょう。それが狙いでした。

言わば『斬、』は『野火』とは違う形で〝暴力〟についてアプローチしているんですね。『野火』の暴力シーンというのは戦争の本質であって、史実通りに兵士たちが酷い目に遭うんです。観客のひとりひとりに一緒に地獄巡りをしていただき、ひたすら圧倒的にイヤな気持ちになってもらおうと思いました。

かたや『斬、』の暴力は、爽快感を覚えるところもある。荒ぶる野武士たちに対し、半ば殺人マシーンである〝澤村〟が立ち上がろうとする場面は、映画の〝ゆう〟と同じく自分で編集をしていても「おっ、やるのか！」という気持ちになり、ワクワクしました。で、逆に〝杢之進〟が刀を抜かない時間は、「きっと観ながらお客さん、ジリジリされるだろうなあ」と。そうやって情緒に訴えかけながら、あらためて「暴力って何だろう？」というテーマに挑み、トータルでは従来の「時代劇のヒロイズム」への懐疑を投げかけています。

要するに、安全な場所から事態を眺め、悪そうな相手がやっつけられて「ヨッシャー！」と無邪気に喜んでいたら、だんだんとその刀が自分のほうに向かって突き刺さってくるような、そんな感覚の映画にしたいと思ったんです。

殺陣の天才・三船敏郎を目標にするも大ピンチに！

さて恐れ多いこととはいえ、僕の演じた〝澤村〟の殺陣の目標にしていたのは、黒澤明監督の傑作『用心棒』（61）や『椿三十郎』（62）で一刀入魂、驚異の連続立ち回りを披露していた三船敏郎さんの神ワザでした。三船さんは何人もの相手を斬っていくときに、腰の位置が地面と平行して移動していくんですね。あの惚れ惚れとする腰の据わり、しかも一息で斬っていく体の動きを目指していたんですが、なんということか現場に入る前にぎっくり腰になってしまいまして！　練習で軽い竹光でよいところを重たい木刀を振っていたらギクッ……となったんです。幸いもっともひどい形ではなかったので撮影は何とか乗り切りましたが、地面と平行に歩くどころか、おそるおそる歩くヘッピリ腰になってしまいました。

心に刺さった時代劇

自分にとって時代劇の洗礼は、中学のときに観た市川崑監督のＡＴＧ（アート・シアター・ギルド）製作の映画『股旅』（73／監督：市川崑）です。萩原健一さん、小倉一郎さん、尾藤イサオさんがやくざ渡世に憧れ、故郷を飛び出した渡世人を演じているのですが、70年代の若者がそのままに時代劇の世界へと飛び込んだような生々しさがあったんです。

オープニングは粗末な身なり、ぼろぼろの三度笠をかぶっている３人が土間に並んでいるところから始まって、この３人のぐずぐずの青春を描いていく。彼らの生き方は不器用で、殺陣も決してカッコいいものではなく、刀をビュンビュンと闇雲に振り回して、ヒイヒィと悲鳴をあげる。感覚的には同時代の〝アメリカン・ニューシネマ〟みたいでしたね。ショーケン……萩原さんを筆頭に、出演者たちの息づかいに臨場感があり、何度観ても引き込まれます。

『股旅』は僕の時代劇の原初体験で、いつか時代劇を作るなら、こんな映画がいいなあ、とずっと思っていました。それからもう一本、こちらもＡＴＧ映画ですが、黒木和雄監督の『竜馬暗殺』（74）も影響大で、原田芳雄さん、石橋蓮司さん、桃井かおりさん、松田優作さんといった錚々たるメンバーが幕末の人物を演じながら、端々に映画が作られた時代の〝熱気や屈折〟を濃厚に纏っていて、〝ジャーナリスティック〟とも言える、不思議な映画の力を感じました。

『股旅』も『竜馬暗殺』もビッグバジェットではなく、小規模な時代劇で、〝ATG〟というほとんどインディーズのような環境から生まれたところも魅力的でした。でも実際に『斬、』を作ってみて、『股旅』も『竜馬暗殺』も低予算ながらとても大きな構想のもとに作られた映画だったんだ、と思い知らされました。『斬、』は世界一シンプルな時代劇ですから。

冒険する時代劇
黒澤明監督と勝新太郎

最初の時代劇との出会いがそんなわけでしたので、いわゆる見栄を切るような時代劇に興味を持つことはその後ありませんでしたが、黒澤明監督の豪華な時代劇は大好きで堪能しました。

「黒澤映画」って僕の中では、革新的な映画の象徴なんです。時代劇でもそれまでの予定調和な展開、型に嵌った演出をすべて刷新しているんですね。つまり、映画的な冒険の見本。マスターピースの一本『七人の侍』（54）を観れば、それはおのずと分かりますよね。

もちろん、様式的な時代劇にも傑作が数多くあるのは承知しているのですが、それより僕の心を捉えたのは、〝髷《まげ》をつけた現代劇〟のような時代劇でした。『股旅』のあと黒澤映画とともに熱狂していたのは、勝新太郎さん主演のテレビ版『座頭市』シリーズ（76～79）です。これは月曜の夜、毎週テレビで放映されていた一時間枠のドラマでして、74年に『座頭市物語』として始まり、うちの両親が好きで観ていたんですね。

僕が熱狂したのは、タイトルが『新・座頭市』となってからの第3シリーズまで続いた人気シリーズで、映画の『座頭市』シリーズ（62～89）も面白いんですけど、ドラマ版は回によっては極めてアヴァンギャルドな作りが施され、勝新さんが自ら演出した時は特にすごかったんです。中でもよく覚えているのは、原田美枝子さんがゲスト出演された第2シリーズの第10話「冬の海」（78）。原田さん扮する不治の病を罹っている絵の好きな少女と、座頭市とのつかの間のふれあいを綴ったもので、一篇の美しい映像詩のような作品でした。浜辺でだんだんと弱っていく少女の顔をアップの長回しで撮ったり、アーティスティックかつ実験的な試みが随所にあって、刺激的だったんですね。当時、僕は唐十郎さん率いる〝状況劇場〟も大好きだったので、その看板役者だった根津甚八さんや李麗仙さんもゲストで登場していたり、いわゆるトップスターと混ざって様々な個性的な俳優さんをキャスティングし、際立った演技を引き出していました。

僕は10代の終わりで、8ミリ映画の撮影中でも、放送があると番組が始まる前にはご飯タイムにして、スタッフの友達と街の食堂のテレビで観ていました。出てくる人たちが皆、生々しく映し出され、尖っていてリアルな作劇スタイルがすばらしかったです。時代劇なので、きちんと殺陣の見せ場はある。それは言ってみれば典型です。しかしそこに至るまでのドラマは典型ではない。典型と典型でないもののバランスがお客さんの興味を惹きつけると思っていて、『斬、』でもそのことを意識しました。

映画『斬、』を巡る冒険

『斬、』に関しては、構想の核自体は20年以上温めていました。そろそろ作りたいと思ったとき池松さんが浮かんでいましたが、僕と池松さんは知り合いでも何でもなかったんです。こんなにもまだ現実性を帯びてない、形になっていない映画の企画を漠然と面識のない方に伝えるわけにはいきません。きちんと準備して、用意が整ったところでお声がけしないと。でも心の中では、いつ形になるか分からない企画に弾みをつけるため、池松さんの気持ちを聞いてみたいなとも思っていました。

昨年の4月に池松さんの事務所からご挨拶の連絡をいただいたのはまさにそんなときだったんです。マネージャーさんから「ぜひ、いずれご一緒できれば」と切り出してくださって。そんなチャンスが到来したのだったら、あの企画を実現させねば……と発奮しました。

夏の自然を舞台にした映画だったので、今から準備すれば間に合うかも知れないと池松さんのスケジュールを聞くと、さすがに夏のスケジュールは埋まっていることが分かり、「そりゃそうだ」といったん諦めました。けれども翌月、池松さんの事務所から「スケジュールが空きました！」とまさかの朗報が――。

夏はさらに間近になっていましたが、「やるしかない！」と決めたのでした。

ここからは、一気呵成でした。本格的にプロット作りに取り掛かり、ほぼ無の状態から時代考証、ロケ場所探しもスタートさせて、残された非常に短い時間を全力で走り通しました。

まず6月にNHK大河ドラマの時代考証をされている大御所の、学芸大学教授の大石学先生をあたりまして、自分の考えているプロットを一気に書いてお持ちしました。「お金がないので城下町の設定は無理なんです。でもこういう浪人を出して……」と、僕の構想を包み隠さず話して、一緒に実現可能なシチュエーションを考えてもらったんですね。それはたったの1日、しかも、数時間で、その日の夜にはプロットを書き上げ、翌日には第一稿を書き上げるというハイペースで、どんどんコトを運んでいきました。

日本刀と江戸時代末期の所作についても学ぶ必要があり、水戸藩師範・千葉周作成政が創始者の「北辰一刀流 玄武館」に赴き、合わせてロケハンも開始しました。

1日のうち、最低三つくらいは大きな収穫がないと企画が終わってしまう、という気持ちで猛然たるスピードで駆け抜けました。池松さん主演という看板が僕に与えてくれた力です。ロケハンは難航しましたが、山形県庄内の映画村が使えそうだと7月に分かり、すべての場所を庄内で撮ろうと決定しました。

個性的なルックスの侍役を集めようとキャストを募集し、コンテ描きを進め、蒼井さんとも顔合わせをし、オーディションで選んだ新人、前田くんの演技の稽古もしま

す。8月に入るとメインスタッフも揃いました。今回は、短期決戦の撮影になると思ったので、ボランティアスタッフはほぼいません。プロのスタッフに少数精鋭で加わってもらいました。
僕の映画ではボランティアのスタッフさんに協力してもらうことが多かったので、そこはいつもとはかなり違うやり方ですね。
続いて庄内のロケハンをしつつ、その地でエキストラのオーディションもやり、衣装をオーソリティーの宮本まさ江さんにお願いし、リハーサルをメインキャストで済ませ、8月31日に流れ込むようにクランクイン！
最初は、「俳優さんの温度を撮ればばい

いんだ！　時間はかけない！」と照明を使わない映画にしようと考えたんですけど、結局、いつものように照明は凝ってしまい、俳優さんを待たせてしまったりしましたが、スタッフ、キャストの皆さんのパワーをお借りして、３週間という短期決戦で集中的に撮り上げることができました。時間をかけて撮影する自分の映画としては異例中の異例です。代わりに仕上げの作業、ポストプロダクションにはたっぷりと時間をかけました。

哀悼　音楽家・石川忠さん

そして、『斬、』の音楽のことを――。

僕の映画になくてはならない、長編デビュー作の『鉄男』からずーっと、様々な「冒険」をともにしてきた石川忠さん。映画の準備を始めてすぐの6月に『斬、』の音楽を依頼したのですが、編集が完全に終わる前、12月21日に闘病の末、お亡くなりになりました……。

多くは語りません。ただどうしても、その事実が受け入れられなかったんですね。やはり自分の中でこの映画の音楽は「石川さんにお任せしたい」という選択肢しかなく、石川さんが過去に僕の映画のために作ってくれた音楽、ＣＤをすべて集めて聴いて、映像に付けていきました。さらに、石川さんの奥様のご好意で、お部屋に残されていた曲の断片、映画にまだ使われてない音源まで聴かせていただき、『斬、』に命を吹き込みました。いつもと同じように、「ここはどうしましょうか？」と天国の石川さんと対話をしながら。

石川さんは、鉄を打ちたたく作曲家であり演奏家でしたので、そのつきあいは最初の『鉄男』だけかと思っていました。その後、映画ごとに曲作りのテーマが変わっても、必ず2倍3倍10倍にして返してくださった。気がつくと、ずっとお頼みすることになっていたのです。

そうして完成した『斬、』を持って、第75回ヴェネチア国際映画祭に参加しました。石川さんとは4年前、『野火』のときには一緒にこの映画祭のレッドカーペットを歩いたのですが、今回のプレス向けの試写、エンディングロールでクレジットに石川さんの名前が映ると、１４００人収容の劇場、満員の客席から歓声が起こりました。胸が熱くなりました。

僕と石川さんの最後の「冒険」は、そんなふうに最高の〝船出〟を果たしたのです。

第２章
冒険への序章
少年映画監督誕生す

生涯の1冊
堀江謙一さん著『太平洋ひとりぼっち』

僕が「冒険」に心奪われた決定的なきっかけは、小学6年生のときの1冊の本との出会いですね。海洋冒険家の堀江謙一さんが書かれた体験記『太平洋ひとりぼっち』を読んで、夢中になったんです。堀江さんは1962年、小型ヨットで兵庫県の西宮からサンフランシスコへ94日間かけ、日本で初めて単独太平洋横断航海に成功された方で、その冒険の軌跡は1963年に市川崑監督、石原裕次郎さんの主演で映画にもなっています。

本は小学校の友達に勧められ、春休みに借りて読んだのですが、最初から最後までワクワクしっぱなしで、本を返したあとにすぐ自分でも購入しました。その後新装されるたびに買い集め、のべ4冊揃えて、今でも本棚に仲良く並んでいます！　3冊目に買った文庫版には、イラストレーター長尾みのるさんの挿絵が入っていて、長尾さんのイラストにも触発されて自分でも絵を描き、『太平洋ひとりぼっち』をアニメーションで作れないかとも考えました。何だかワクワクする楽しい時期でしたね。

当時は、テレビで手塚治虫さん原作のアニメ『海のトリトン』（72）やNHKの少年ドラマシリーズの一本、『つぶやき岩の秘密』（73）にも熱中し、海とヨットへの憧れが強かったんです。ヨットって〝富裕層の趣味〟というイメージがありますが、堀江さんの場合、全然そうではなく、わずか6メートル足らずの小さくて質素な「マーメイド号」というヨットで巨大な海原を横断したんです。僕はどちらかと言えば閉所恐怖症ですが、船室という、ほどよく隔離された空間には魅了されていました。子供にとっての〝秘密基地〟への憧れが、僕も強かったのだと思います。

「マーメイド号」はアメリカに到着して以来、寄贈されたサンフランシスコの国立海洋博物館に展示されていまして、いつの日か訪れて、少しでもいいから船室に入れていただき、束の間の時間を過ごさせていただくのが夢です。『太平洋ひとりぼっち』という本は未だに僕のバイブルで、透明なパラフィンみたいなブックカバーがついているのですが、40年以上経った今も剝がさずにつけたままです。

当時はネットなんかない時代でしたから、海洋冒険ものの本が欲しくて地道に足を動かし、本屋さんを巡って関係書をいろいろ探しました。堀江さんに少し遅れてキングフィッシャー型ヨットで太平洋を横断した鹿島郁夫さんのノンフィクション『コラーサ号の冒険』や、10代で単独ヨット世界一周を成し遂げた少年の手記『ダブ号の冒険』、また50年代ですがオーストラリアの冒険家ベン・カーリンとその奥様が、第二次世界大戦に作られた陸海両用のジープに乗って、カナダのモントリオールから大西洋を渡り、サハラ砂漠を越えてイギリスまで行ってしまった『たった二人の大西洋―ハーフ・セーフ号』という手記などをワクワクしながら読んでいました。

大冒険のためのイラスト入り計画表

市川崑さんが撮られた映画版の『太平洋ひとりぼっち』を観たのはずいぶんあとのことです。夜中にテレビで放映されていたんですけど、明るい青年の話だと思っていたら、映画全体がどこか暗さを湛えていて、武満徹さんの音楽も時折不吉さを強調していますし、妹役の浅丘ルリ子さんのキャラクターも謎めいた影があり、時折ぞっとするほど不可解な表情をしたりして、不思議な映画に見えました。今あらためて鑑賞すると、堀江さんを演じた石原裕次郎さんは元気いっぱい、和田夏十さんの脚本はこれ以上はないというほど緻密なもので、爽快感もちゃんと感じることができました。夜中に観たのがいけなかったんですかね。ともかくも憧れのヨットが具体的に現れ、ダイナミックに動いていたので、それだけで興奮し、当時は目が輝きました。ヨットの内部は、船室は一体どうなっているのか、堀江さんは航海をしながらどう過ごし、どんなふうに寝ていたのかすごく興味がありました。

堀江さんの本にはヨットの図面のほか、実際に持っていったものを記した一覧表も載っていました。それが実に細かいところまで書いてあったんですね。ビニール袋何枚までと詳しく。こういう姿勢、スタイルにたまらなくそそられるんですよ！　映画を作るときも大冒険の計画を立てるような気分で、紙にチマチマと必要なもの一式を書いていきます。大変だけどもどうしてもやらずにはおれないんですよね。例えば『野火』では、いつも以上に製作費がなく、無駄なお金を使いたくなかったので、兵隊の服の枚数や、銃を何個用意すればいいのか、一目で分かるように事前に具体的なイラストを加えた図面にしました。文字だけだとすぐには頭に入ってこないからです。

物心ついて日記を書くようになった習慣もそうで、堀江さんは詳細な航海日誌をつけておられたんですけど、水に濡れるから万年筆ではなくボールペンで大学ノートに書いて、表紙にはビニールを貼っていました。僕は海に行くわけではないのに真似をして、途中からボールペンを使うようになり、ビニールっぽいものを表紙につけていました。おそらく家にいながら航海気分だったのでしょう。

乗り物で冒険することへの憧れ

小学校から中学校にかけて、ずーっと、「ヨットでの冒険がやりたかった」と夢を見続けていたかと思うと、この歳になってふと、「本当にチャレンジしなくてもいいのか？」と自問自答しちゃうことがあります。

過去には、興味の対象がヨットではなく違う乗り物へと移っていったこともあって、36歳のときにどうしても原付のオートバイに乗りたくなったんですね。普通は16歳になったらすぐに免許を取るのですから、だいぶ遅咲きですが、とにかく街中を、小さな乗り物に乗って、風を浴びて走りたくなったんです。立派なオートバイには初めから興味がありませんでした。自分の持てる力より少しだけ速く走る事ができればよかったので。もともと好きだった自転車の延長ですね。原付オートバイのあとはまた自転車に戻っていきます。自転車は、地球上で一番好きな乗り物です。

18歳になってすぐに取りたかった車の免許も、実際には母の介護と子供が生まれるというはっきりした目的ができるまで取得することはありませんでした。運転免許取得に必要なお金はいつも次回作の映画の資金になってしまったからです。車も小さいものを選びました『太平洋ひとりぼっち』の「マーメイド号」と同じで、できるだけ自分の肉体に近い小さな乗り物にしたかったたんです。そして車の中を秘密基地にする憧れは、今でもあります。

都市から自然への旅すべては映画に帰結する

冒険家にはならずに映画を作ってきた僕は方向音痴なんですけど、30代も後半になるころになってようやく、電車の駅から駅という点と点を結ぶ線や面の広がりを理解するようになりました。原付オートバイに乗って、地図を見ながら都内を走るだけでも、ちょっとした冒険気分でワクワクしていました。20代から30代と、もっぱら電脳都市で生きる人間の姿を映画で描いていましたが、都市の閉塞感からゆるゆると逃れ、思いだけは都市の周りにある大自然の原野へ飛んで行き始めていたのでした。『バレット・バレエ』を撮り始めていたころですが、やたらと自然を浴びたくなってしょうがなかったんですね。つまりは自分がこの世界のどういう場所に立っているのかを、体で実感してみたかったのだと思います。恥ずかしいのですが、「アフリカをバイクで走破できないか」とか、その後自転車に乗り換えたときは、「チベットを自転車で走り抜きたい」などと考え出し、夢想が膨らんでいきました。しかし都会という鳥かごの中にいた自分がいきなり自然に踊り出ようものなら一瞬で霧散していたでしょう。

このころは冒険がいつまでもできるものではないと気づき、本格的なアウトドアの道具を買い揃えて自転車の旅を計画していましたが、予行演習のつもりの伊豆旅行で早くも強烈なぎっくり腰に見舞われ、アウトドアの道具は、結局冒険には使われずじまいで、次の映画の製作備品になりました。

例えばゴアテックスの雨合羽は、『六月の蛇』の際に自分で使うことになります。あの映画は全編雨が降っているので、雨降らしの撮影のときに着ると水が染みてこず、とっても具合がいいとアウトドアグッズの機能性には驚いたものです。「自分はリアルな冒険をやりたいんだけども、やっぱり映画の材料に変わっちゃうんだな」と痛感しましたね。

ところが〝映画製作〟という理由があると、不思議と冒険が可能になるんです。『野火』を作ると決めた途端、海を越えてフィリピンにも行けましたしね。「やらなければ映画が完成しない」という現実的なプレッシャーが原動力になるんでしょうか。

おそらく、冒険だけを独立させて行動することは、性に合っていないのでしょう。

その分、映画を通じて「冒険」をしている意識は強いです。最初に8ミリを撮り始めたときは方法なんてまったく分からず、ゼロから自分で考えてトライしてみたわけですが、時を重ねても徒手空拳なのは変わらなくて、試行錯誤を繰り返しながら一本作るごとにノウハウが増えていっただけです。

今も巨大なシステムのもとで、割り当てられた監督という役割をまっとうすることに憧れはないんですね。「マーメイド号」のような自分の手が隅々まで届く体制で毎回ドキドキしつつ映画と向き合い、出来上がった作品が、どれだけ羽ばたいてくれるかに醍醐味を見出していて、それが僕の基本的なスタイルです。もちろん、昔から大きな規模の映画をやらない、と決めているわけではなく、現にそういうものも手がけてきましたし、そのことの素晴らしさも体験しています。ただ、ハンドメイドの映画作りは自分の基本の姿勢で、これをやめてしまうことはないと思います。

夜が来るのがおそろしい

子供時代は、めちゃくちゃ怖がりでした。特に夜がひたすらおそろしかった。怖くてトイレに行けず、小学生になっても布団の近くに〝おまる〟を置いてもらっていました。何とか起きてオシッコをすると、うまく当たらないで外れちゃうこともあったんです。子供のおちんちんって未成熟で、オシッコが二股に分かれて出たりして、真ん中をめがけるとオシッコが二筋とも左右に外れてしまう。仕方ないから片方だけ入れて、もう一筋のオシッコが畳に染みていく音を諦めながら聞いていました。子供時代の夜というと、そんなことをまず思い出します。

で、いったん眠りに入ると、今度は11時間くらい起きなかったので、どこで読んだのか、「眠りについたまま、朝起きることなく死んだ人がいた」という話を知ったら、さらに強迫観念に陥ってしまい、眠るまでの時間は夜な夜な、まるで〝最後の審判〟を受けるような気分で過ごしていました。

寝ていると金縛りにもよく遭いました。意識はあるけど体は動かない、というのは、閉所恐怖の極地です。ですから『ジョニーは戦場へ行った』(71／監督：ダルトン・トランボ)という映画はとてもおそろしかったですね。若き兵士が戦地で負傷して、目と耳、両手両足を失ってしまい、意識だけが生きていて体がまったく動かない。戦争というものへの嫌悪はこういうところからも始まっていたんだと思います。

自分自身の恐怖を作品に生かした『悪夢探偵』

夜、というのは子供のころの僕にとって、もっともおそろしいものでした。眠る前は、目の前の暗闇に様々なおどろおどろしい映像が浮かびます。眠ることができても〝悪夢〟が待っていますからね。本当に眠るという行為は、毎日の一大事でした。でもだいたい僕の作品はどれも、自分が見た〝悪夢〟が題材になっているので必要不可欠な経験だったとも言えます。『鉄男』や『ヒルコ／妖怪ハンター』の何者かに追いかけられるイメージはその代表的なものです。

松田龍平さんに演じてもらった『悪夢探偵』の主人公・影沼京一は、そんな子供時代の僕のような人を助け出すために生まれたキャラクターと言ってもいいかもしれません。「他人の夢の中に入れる」能力を使って、子供のころの僕のような人を助け出して欲しい、と。

夢の中に入るときにハダカになるのは当然の行為に感じていましたが、子供ができてから触れるようになった世界的な絵本作家にしてイラストレータ、モーリス・センダックの名著『まよなかのだいどころ』を目にして、やはりそうだ、と確信しました。『まよなかのだいどころ』のミッキーという男の子は、夢の世界へと入る瞬間、暗闇に落っこちてだんだんパジャマが脱げていき、ハダカになって家の壁を通り抜けていくんです。すると、そこはなぜか真夜中の台所で、三つ子のようなパン屋さんのケーキ作りを手伝い、パンの生地や大きなフタのミルク瓶に体ごと飛び込んだりするんですね。夢の中は暗い密室性と解放感が両方あったので、ミッキーが裸になるのはよく理解できました。

あと『悪夢探偵』では劇中、夢に入っていく際に水を潜っていくんですけど、これは僕の子供時代の頭の中にあった感触の再現ですね。ドボ〜ンと布団の柔らかさに身を沈めていくイメージで、ぬるいお湯に溶け込んで、布団という船が頭のはるか上にある感覚を、浅い眠りの中で楽しんでいた記憶があります。

センダックの有名な絵本ではもうひとつ、『かいじゅうたちのいるところ』というのがあって、これにも共感しました。子供が母親に叱られて、夕食抜きで寝室に放り込まれる。そして逃避願望を果たすべく夢想にふけり、ボートに乗って怪獣たちのいる島にたどり着き、王様になる話なんです。

子供時代は、両親に叱られるとすねてしまい、「もういいもんね、どっかに行っちゃって、一生帰ってきてやんないから」なんて、想像の旅に出ていた記憶は誰にでもあるのではないでしょうか。ついつい怒られている可哀想な自分の境遇に浸って。〝悲しみつつも楽しい心のありよう〟とでも言うんでしょうか、布団に潜り込んで空想と戯れ、『かいじゅうたちのいるところ』みたいな「冒険して、死にそうになっても甦ったり、両親に泣いて頼まれても家に帰らなかったりする」終わりの見えない話をいつまでもだらだらと紡いでいました。

恐怖の掟

今考えると、布団は大海原に浮かぶ船というか、芽生えてきた〝自我〟を包み込む布地で、一種の安全地帯みたいな場でもあったんですよね。だから「そこから出たら溺れて大変!」って、子供特有の〝ひとり遊び〟もよくやっていました。松田龍平さんは寝ているとき、「布団から足がはみ出ていると何かに足を切られそうでイヤだった」と言っていましたが、布団の外側は計り知れない恐怖の場所でした。

困ったのは夜だけではなく、「昼間にこれをやっておかないと、夜、夢の中でお化けに襲われる」という〝掟〟がたくさんあって。コンクリートの道の塗装された部分は踏んじゃいけないとか、右足で強く歩いたら左足も同じように歩くだとか、もう神経がおかしくなりそうでした。

お風呂から出るときも、窓際のあたりにお化けがいる……ような気配がするので見えない角度を探し、１００数えなきゃいけなかったんですよ。しかもなぜか英語で！子供時代はそんな〝掟〟が多くてつらかったです。

こんな掟から完全に抜け出すことができたのは、なんと高校も2年生になったころです。引っ越しをきっかけに、新しい家で片付けが終わらないので服のまま寝てしまったりして、普段の掟がぐずぐずに崩れても気にならなくなっていきました。ある種いい加減になるというのが大人になるってことなのでしょうね。

映画の冒険に覚醒して作った幻のデビュー作『怪獣ゲドラ』

というわけで、基本的には内気で引っ込み思案な自分でしたが、小学校に入って、母親が心配して担任の先生に相談したら、「4年生になったら変わる」と言われたらしいんです。それがビックリするほど、本当に変わったんですね、学芸会で準主役をやったり、陸上競技大会で短距離と走り高跳びの選手に選ばれたり。学芸会では主人公に対する屈折した少年の役を演じ、自分の内側で何かが弾け、開眼したのを覚えています。何しろ稽古中に見た空が、かつてないほどに真っ青に見えましたから。今も結局同じような役をやり続けていますね。

14歳、中学2年のある日、新しもの好きの父親が自分自身のためにズーム機能の付いた小さな8ミリカメラ「スーパー8」を買ってきました。それを借りて回し始めたのが映画作りの始まりです。最初はモノクロで、『ゴジラ』（54／監督：本多猪四郎）みたいな怪獣物の大作を作ろうとして、原作のある怪獣映画の脚本を書いていったら原稿用紙200枚を超えて取り留めのないことになってしまいました。そこでもっと短く書き直し、現実的にできそうなものに変更したんです。やはり完成させることが大事だと思ったんですね。今度は完全オリジナルで、タイトルは『怪獣ゲドラ』に。孤独な少年が唯一の友達だったトカゲを海に落とし、公害によってそのトカゲが巨大化するという話です。

少年の役は自分で演じ、弟の耕司にも出てもらっています。ところが怪獣の着ぐるみがせっかちな僕にはうまく作れませんでした。父親のお古のパジャマに発砲スチロールをボンドで貼り付けて怪獣にしようとしたら、ボンドが固まり、布が縮んで足が通らなくなっちゃったんですね。

そのときの未完成の8ミリの映像は、のちに『タモリ倶楽部』の「秘蔵8mmフィルム鑑賞の夕べ」という回（90・4／27放送）でテレビに流れました。竹中直人さん、石井岳龍（当時は聰亙）さんとともに初期8ミリ作品を持ち寄って、それをタモリさん、山本晋也さんを囲んで一緒に観るという企画で、皆さん、けっこうな力作をお持ちになりましたが、僕はあえてこの8ミリフィルムを上映し、場をゆるませました。こそばゆいけれども大切な思い出です。

失敗から学び作り上げた『原始さん』

さて、怪獣作りは難行しましたが、特撮映画を作りたいという意欲は変わらず、そこで着手したのが『原始さん』（74）です。水木しげるさんの原作漫画を勝手に映画化し、今度は8ミリですがカラーで撮りました。尺は10分ほどですけど一応完成まで漕ぎ着け、正真正銘の処女作になります。

原始人が突如東京に現れ、都市を壊して自然に戻し、さらにアメリカへと向かう物語です。原始人役には演技が上手くて体格もフィットしていた友達に演じてもらいました。これなら怪獣の着ぐるみを作らないで済むからです。

ビルや家のミニチュアは自分で作ってみたかったので発砲スチロールで作りました。原始さんの顔の造形は原作漫画とそっくりなマスクを粘土でこしらえてみたのですが、お面のように正面の顔しか作っていないので、どうやって顔に止めておいたらいいのかが分からない。そこで母親にお古のパンツをもらって逆さまにかぶり、お面をボンドか両面テープかなんかでパンツにくっつけたんです。少しでも横を向くと白いパンツが見えてしまうので、ビルを壊す原始さんはいつも正面向きという不自然さ！　しかも原始さん役の友達は、「よーい、スタート！」の「よーい」で足を上げ、「ト」のタイミングでミニチュアを壊し終わっちゃったんですよ。僕は僕でフィルムをケチって「ト」から回し始めていたので、現像してみたら壊し終わったところしか撮れてなくて、家のミニチュアが壊される、という肝心な醍醐味がほとんど映っていなかったんです。まあ、指示をちゃんと出さなかった自分がいけないわけで、怒るに怒れず、「次から『よーい、スタート！』の声を聞いたあとから動き始めてね」と声をかけました。そういうしょうもない失敗から得たノウハウを地道に、実践的に一個ずつ学んで今に至っています。

ラスト、日本のビルを破壊しつくし、海を渡って太平洋を横断していく原始さんは、お面の横のパンツもばればれで泳いでいきます。

それでも気持ち的には「将来、劇場の大きなスクリーンに映せる映画を作れるといいなあ」という夢を抱き始めていました。スタッフとキャスト紹介のクレジットもいっぱしに入れましたしね。アニメのセル画みたいに、セルロイド板にラッカーで文字を書いて、煙を背景にして撮りました。

ところが映像が完成したあと、肝心の録音の方法を僕は知らなかったんですよ。今のビデオカメラのように声や音は入りません。撮れるのは絵だけです。それでどうしたかというと、編集した映像を見ながら、カセットテープにすべて、声や効果音を一発で入れたんです。途中で切ってしまうと音をどう繋げたらよいのか分からなくなるので、フィルムの頭に「3、2、1、0」とカウントを入れておいて、それを見ながらカセットテープに「3、2、1、0」と読んで絵と音を合わせました。音楽、効果音はといえばすべて友達が弾くピアノで表現し、出演者の声とともに一気に10分の映画の頭から最後までをワンテイクで録音していきました。

初のイベントプロデュースは〝図書室に300人〟

映画というものは、上映して初めて完成する、と初めから考えていたので、中学3年のときに「図書室300人・ビッグイベント」という催しを企画して、上映会を開こうと閃いたんです。

内気だった自分がよくそんなことを……と、今も思いますが、まず強いモチベーション——自分の映画を上映したい！という目的があったのと、僕が通っていた渋谷区立原宿中学校はアットホームで居心地はいいけれど、あまりに静かで何事もなく日々が過ぎてゆく学校生活に物足りなさを感じていたのかもしれません。で、ダメもとで先生に企画書を出したところ、これが通ってしまったのでした。

本が好きで、小中学校とも図書委員でそのときは委員長をしていたので、学年ごとによく読まれている本のベスト10のアンケートをとって、それを模造紙に書いて図書室の壁に張り出し、図書委員会のイベントとしての体裁を保ちつつ、『原始さん』の上映会を行いました。計画を成功させようと、すっかり気分はイベント・プロデューサーです。自分が図書委員長でしたので、友達にも各委員会のトップに就いてもらって、イベントの宣伝がうまく行き渡るようにしました。

例えば放送委員長には昼の給食時間の放送でイベントの存在をプッシュしてもらい、集会委員には朝礼で、全校生徒の前で告知をしてもらいました。それも単なる事務連絡ではなく、ギャグを交えたトークで生徒の心を摑もうという算段でした。前の日に、厳格な雰囲気に気圧されないよう友達の集会委員長と2人、電信柱の影で武田鉄矢さんのモノマネを交えての予行練習をして、翌朝決行。緊張しましたが、当日は大ウケしました。武田さんがボーカルだった〝海援隊〟のヒット曲『母に捧げるバラード』のフレーズを入れ込んだ、集会委員長熱演の告知でした。

イベントは2日間だったのですが、フタを開けてみれば、いつもは静かな図書室に人が絶え間なく訪れて大成功でした。学校には生徒が300人しかいなかったのですが、2日間のイベントでのべ300人、本当に集まったんです。

上映のときのサウンドは手に汗握りました。カセットテープに録音したものですから、同期させるよう映像に合わせてスタートさせても、途中でどうしてもシンクロ具合がズレてしまって、その度に手でラジカセのボタンを押し、チュルチュルと巻き戻したり送ったりと調整しなければならなかったんです。これが大変な作業で、毎回緊

張で冷や汗をかきながら上映していました。

実は〝パルス方式〟というフィルムとオープンテープを同期させるシステムや、フィルムの横に磁気帯を施しそこに音を入れて同期させる〝マグネコーティング〟という方法があるのですが、それらを知ったときも、当時の自分にはぼうっとしてしまうほど遠いことのように感じました。実際にマグネコーティングをして音を入れる方法を導入するのは高校2年と処女作からずいぶん経ってからで、それまではこの方法で相変わらずチュルチュルやっていました。「いつか作り手が立ち会わなくても上映できる映画を作りてーなー」とボヤきながらも、カメラとフィルムをいじっている限り、僕は夢心地でした。

祭りのあとの爽快感

『原始さん』はほんの10分の映画なので、あまりにも早く終わってしまったため、お客さんも帰るに帰れない雰囲気だったので、〝おまけ映像〟も思い切って「えいや！」と上映してしまいました。

余ったフィルムで適当に撮っていたもので、ブルース・リー好きの僕の弟がただヌンチャクを振り回していたり、忍者の真似をして飛んで消え、カメラを上に動かすとパッとまた現れたり、他愛もない編集さえしていないフィルムも上映したら、『原始さん』と同じくらいウケてしまって、正直「なんだかなあ〜」と思いました。

イベントが終わって感想を聞くと、『原始さん』を楽しんでくれる人もいれば、「あれって映画なの？」と言う人もいました。それでもその日の学校は、お祭り的な興奮に彩られていたのでした。図書室の顧問も若い先生で大変理解を示してくださったんですね。朝礼での宣伝を「ふざけすぎている、けしからん！」と怒っていた年配の先生が、イベント後に職員室に行くと相好を崩して喜んでいて、とてもいいことをしたという気になった記憶があります。

僕らの学校の中での立ち位置は、あの『桐島、部活やめるってよ』（12／監督：吉田大八）の映画部みたいなものだった、と言えばイメージできますかね。スクールカーストの上層部の人たちが学校近くの表参道でアイスクリームを食べながらこっちに向かって「映画、良かったよ」と言ってくれたんですけど、それも嬉しかった。表参道が燦々と輝いて見えました。あっ、桐島の映画部の学生たちより少しだけ、颯爽としていたかな。

第3章
カルトエンターテイメント世界を巡る

『鉄男』の大ブレイク！

『鉄男』の初公開は89年7月1日。今は無き、東京のミニシアターの聖地だった中野武蔵野ホールのレイトショーで幕を開け、最終的に3ヶ月のロングランになりました。

『鉄男』は、僕の20代の「冒険」の集大成と言えるでしょう。撮影に着手したのは87年で、完成までに結局1年半も費やしてしまいました。当時は4年ほど勤めたCF（コマーシャルフィルム）の制作会社を辞め、「海獣劇場」と銘打って行ったテント芝居の仲間たちとしばらくストップしていた映画作りを再開、8ミリで一本試作をしてから挑んだ2本目の映画が『鉄男』になります。初めて16ミリカメラを回し、演劇同様にキャストが大道具小道具を手がけ、ほぼ0円の材料費で作りました。

が、最終的な仕上げはプロにお願いしなければならず、『ギニーピッグ』というフェイク残虐ビデオを出してコアなファンに人気を博していたジャパンホームビデオにビデオ化権を売り、仕上げ費を出していただき完成に漕ぎ着けます。

『鉄男』に至る道
PFFアワード・グランプリ受賞作『電柱小僧の冒険』

ひとりのサラリーマンが鉄人間と化し、凶暴性を発揮していくというアイデアの原版は、18分の習作だった8ミリ『普通サイズの怪人』（86）です。満月の夜に鉄の狼になる男の話にしようと思いましたが、狼の造形が大変なので人間でいいや、というくらいいい加減なものでした。ファンタスティック系では、変身ホラー物が流行っていたんですね。

『鉄男』の前に発表した、僕の最後の8ミリ映画『電柱小僧の冒険』（87）も、元は「海獣劇場」のオリジナル舞台作品だったんです。背中に電柱の生えた少年が、近未来で鉄の吸血鬼軍団と戦うファンタジーで、高田馬場の駅前に、空に吠える海獣の形をしたミニ劇場を作って公演をしました。ミニ劇場は、僕の子供のころからの秘密基地への憧れがそのまま劇場になったものです。「海獣劇場」最後の舞台となった『電柱小僧の冒険』は、『鉄男』のときに知ったサイバーパンクというSFの新しいムーブメントの流れがすでに入りこんだものでした。

『鉄男』には、自分の興味を引きつけてやまない、雑多な嗜好が注ぎ込まれています。ドイツの表現主義、イタリアの未来派、子供のころに観ていたテレビ番組『ウルトラQ』（66）……などなど。

ちなみに、映画版の『電柱小僧の冒険』は、「海獣劇場」が映画製作にシフトして名づけられた〝海獣シアター〟の第一回作品となります。あまりにも安直な作りだった『普通サイズの怪人』を反省し、今度は入魂で作ってPFF（ぴあフィルムフェスティバル）に出品したんです。ちょうど『鉄男』の仕上げの最終段階、ミックスダウンを終えた日が表彰式の日で、徹夜明けのヘロヘロな状態で会場に行ったらビックリすることにグランプリをいただいてしまいました。

初めは舞台のために必死になって用意した美術のセットや小道具を「捨てるのがもったいない」と思って着手した企画でしたが、この小さな8ミリでできる限りのことをやろう、全力を尽くそう、と気持ちを新たにして始めた映画です。ですからグランプリ受賞はとてつもなく嬉しかったです。

入魂で頑張れば、喜んでもらう可能性もあるのだ、と、初めて陽が射してきたように感じたのです。地底に潜っているような生活が長かったせいで、眩しすぎて、立ち眩みでクラクラするような感覚でした。そのころの僕には大きな野心はなく、ただただだ「手がけている作品を完成にまで持っていこう」と、それしかありませんでした。

20代を前に敗北感に打ちのめされる

10代に遡ると、恥ずかしいですが、逆に野心に満ち満ちていました。何かをするなら20歳までだ、と変に生き急いでいたのを思い出します。10代のころって、未来が見えなくて、不安なものじゃないですか。なので人生のリミットを20歳にいったん設定していたんですね。今思うと、「ふふっ」と笑ってしまいますが。『原始さん』に続いて作ったいくつかの8ミリ映画は、手作り飛行機で空を飛ぼうとするふたりの少年が主人公の『翼』(75)、近未来、戦争に反対して入れられた収容所から脱走する若者を描いた、山上たつひこさんの劇画『光る風』の映画化『曇天』(76)などで、年に一本のペースで作っていきました。中でも、『地獄町小便下宿にて飛んだよ』(77)は、高校時代の自分の金字塔のような作品です。もしかしたらこれまで発表してきた映画の中でももっとも感動的な作品かもしれません。美術学科に通っていたこともあって、余命いくばくもない若い画家の話をオリジナルでこしらえました。松本竣介、関根正二、靉光といった戦中・戦後に若くして亡くなった画家たちへの憧れと尊敬の念を込めた2時間の大作で、技術的には未熟でも、情熱のすべてを注ぎ、高校の文化祭で最初に上映したときは2時間30分もあったのですが、観てくれた先生も級友も皆、感動してくれて顔を真っ赤にしていました。この映画は、日本テレビが主催した〝日本を記録する映像フェスティバル〟に入選しますが、面識のない観客が何人も「なぜ入賞にしない！」と主催者側に抗議をしてくれたりして、熱い体験になりましたね。

大学に進学すると10代の最後に、内容と技術の両立した作品を残そうとしますが、なぜかエモーショナルなものにならず、技術は向上しても、今ひとつな結果になってしまいました。かなり力を込めたのですけれど、作品を世に出したいという気持ちばかりが先走っていたのでしょうか。それ以後はしばらく演劇活動に傾注するようになり、その面白さに埋没して派手な半・野外劇のような芝居でしばらく暴れていました。一度は気を取り直して16ミリ映画を企画してみたものの実現できなくて、敗北感に打ちひしがれながら大学を卒業することになります。

それで、一から出直すつもりでCF制作会社〝井出プロダクション〟に就職したんです。映画の助監督という道は当時閉ざされていましたし、仮に関われたとしても、何十年も助監督を経験してやっと映画が作れる……と、そんなイメージがありました。その道は暗く果てしなく感じてしまったのです。一方ＣＦは、映画そのものではないですが、とにかく憧れの35ミリフィルムに触れられ、そしてクリエイティブ的に光り輝いて見えました。

サラリーマン〝塚本晋也〟大人の世界で奮闘する

助手の生活は緊張感に満ちていました。プロダクションの先輩ディレクターに助手としてつくときは柔らかく指導していただいたのですが、外部の演出家につくときは、あまりの緊張に、軽ーい交通事故に遭って骨折して休めないかな、とか考えてしまうほどでした。それほどに張り詰めた空気に満ちていたんですね。しかし、そういう考えとは裏腹に、怖いところに進んで飛び込んで、家にもほとんど帰らずがむしゃらに頑張っているうちに、１年半というスピードで演出を任せてもらうようになりました。23歳のときです。

僕の担当したＣＦは、「コマーシャル・フォト」という専門誌に取り上げてもらえるくらいには一定の水準を満たしていたと思いますが、「これだ！」という自分の特色が出せないことに問題を感じていました。演出部の先輩方は皆さん、ひとり一芸で得意なジャンルをお持ちだったのに比べると、僕は器用貧乏な方に行ってしまった、という気がしました。今振り返れば思えばまだまだ、序の口だったのですけれど。

とても大きな仕事をさせていただいた折に、少しでもよいものにしようと気が張っていたせいもあるのですが、不満を覚えたこともありました。

プレゼンテーションや試写のときにスポンサーサイドからいろいろと要望を出されるのは当然なのですが、末端に座っているひとりがものすごくつまらないディテールを突っついてきて、魅力的なカットを使わない羽目になったんですね。末端にはうら若い人が座っていて、何か意見を言わなきゃ、となるのは分かるのですが。そういうことが続いて、だんだんと、ムムムと思うようになっていきました。これも思えば、人を説得する能力が足りなかっただけなのですが、この問題は今でも解決できていると言えない気がします。

その会社には深い恩を感じています。若輩者の僕を雇ってくださり、ＣＦの演出を任されるようになるまで素晴らしい導きをしてくださいました。長くはない期間でしたが、社会生活というものをどっぷり体験させていただいたのです。でも自分にとって眩しすぎるCF界には結局居心地の悪さのようなものを覚え、何か身近な感覚で手応えを感じたいと思うようになっていきました。で、芝居熱がぶり返し、挙句の果ては会社を離れ、また芝居の世界を経由して映画の世界へと戻っていったんです。

映画はジェットコースターだ！

10代のころ僕は、「黒澤明監督みたいに大メジャーで勝負できる映画をいつの日か……」と夢見ていたんですね。ところがCF界を経験し、マジョリティーに向かうことに不満を感じてヘソが曲がってしまったのか、「多くの人が喜ばなくてもいい。一握りだけでもいいからその人たちが熱狂する映画を作りたい」と思うようになっていました。その動機がトリガーとなって、不器用の極限みたいな『鉄男』の構想が生まれたんですね。処女作はその後の監督の印象を決定づけるようで、『鉄男』イコール塚本と受け取られていますが、『鉄男』は自分でも意外な、それまで作ってきたものとはまったく違うタイプの映画だったのです。

ただCFの世界にしばらくいさせてもらったことは、大変な勉強になりました。

CFってコンセプトを明確に決め、そこに合う絵を見極めていくので、曖昧さがないんです。シンプルで明瞭な作り方が自然と自分の体の中に宿っていきました。

『鉄男』では「映画全体を鉄の塊のようにしよう」という強いコンセプトがそれに当たります。映像は、白、黒、銀のみの印象で、音楽は鉄の音をサンプリングマシーンで楽曲にして、といった具合です。編集に関しても変化がありました。従来は割とワンシーン・ワンカットで撮って「演劇っぽい」とネガティブに受け止められがちだったのが、「映画をジェットコースターに見立てて、お客さんに〝乗り心地〟を体験してもらおう」とスピーディーにカットを割っていったんです。CFではひたすら編集の毎日でしたので、編集に対しての意識も変わったんですね。結果、この手法は、初期の自分の映画の特色のひとつになりました。劇画世代だったので、漫画がそのまま映画になっているような表現を試していたんです。

塚本映画の家系図

僕は、デヴィッド・クローネンバーグ監督の『ヴィデオドローム』（83）やリドリー・スコット監督の『ブレードランナー』（82）を『鉄男』の父親だと思っているんですよね。〝親〟のほうは「そんな子を持った覚えはない！」と言うでしょうが。

その80年代初頭の2作を観たときの感触、さらに、あの『エイリアン』（79／監督：リドリー・スコット）の造型デザイナーとしても知られる異端の画家H・R・ギーガーの「金属と肉体の有機的な結合感」や、マーシャル・アリスマンというNY生まれのイラストレーターの絵にもインスパイアされています。アリスマンはアメリカの暴力をテーマに描いていた人で、顔の中にもろに拳銃が入っているような絵画があるんです。

子供のころの原初的な記憶になっている『ウルトラQ』は、日常の空間に忽然と怪人が立っている、シュールレアリスム的な発想にゾクゾクしました。『鉄男』と同じモノクロの映像も、もはやドラマの記憶なのか当時見た夢の記憶なのか混沌としています。怪獣や宇宙人をデザインした成田亨さんの造形美も素晴らしいですよね。

「カルトエンターテイメント」登場！

世間的にはちょうど、〝カルトムービー〟という言葉が浸透してきた時期で、クローネンバーグ監督やデヴィッド・リンチ監督の、まさにカルト性の強い映画にもメディアを通してスポットライトが当たっていて、しかもそういう作家たちがエンターテイメント性のある題材も扱い、成功を収めていたんです。

僕はカルト映画もエンターテイメント映画も大好きで、ですからバランスを取りながら、双方を混ぜ合わせたような世界観を『鉄男』で目指し、まったく矛盾するふたつの言葉をくっつけて、「カルトエンターテイメント」と自分の映画を紹介していました。

名画座がポツリポツリと姿を消し、代わりにレンタルビデオが隆盛を極めていたころで、街のいたる所にレンタルビデオ店があって、僕は『鉄男』がビデオ化された際はB級C級の「ホラー」や「SF」コーナーの棚に並べてもらえるんじゃないかと、商品となる可能性を感じていました。冗談でタイトルを「悪魔の毒毒鋼鉄人間」にして、トロマ社の映画と間違って借りてもらおう、なんていうことも言ったりしていました。

ローマ国際ファンタスティック映画祭・グランプリ受賞への道程

『鉄男』公開前、マスコミ関係者への試写は、銀座の老舗の小さな試写室、TCC

（Tokyo Cine Center）で数回ばかりやりました。

できるだけ上映に立ち会い、終わったあとに感想を聞こうと出口付近で待っていたんですけど、ごく一部好感触だった方を除いて、皆さん、僕の顔を見ないようにどんどん帰っていき、「あまりいい具合ではなかったんだな」というのは実感としてありました。好き嫌いのはっきりする映画を目指していたのですから当然の結果です。ところが、ローマ国際ファンタスティック映画祭でグランプリを受賞したあとはメディアにも多く取り上げられるようになり、風向きが変わっていきました。

一介の〝自主映画〟がローマ国際ファンタへと出品されることになった経緯は、通称「東京ファンタ」……今はもうありませんが、東京国際ファンタスティック映画祭の名物プロデューサー、小松沢陽一さんに『鉄男』を観ていただき、できれば宣伝用のチラシにコメントを頂戴したいとお願いしたら、小松沢さんが「この映画、ローマに持っていってもいい？」とおっしゃられたんですね。最初は、何のことか意味が取れなかったのですけど、ローマ国際ファンタスティック映画祭に小松沢さんが仕事で行かれるので、関係者に『鉄男』を観せてみたい、ということでした。僕にできるのは成り行きに任せてお願いをするばかりで、ありがたいと思いながらも、あまり深く考えることはできませんでした。

夜中に『イカ天』（『三宅裕司のいかすバンド天国』）を狭い部屋で見ていたら、司会の三宅さんが欠席で、ローマ国際ファンタに行っていることが分かりました。三宅さんは、同じくローマ国際ファンタに出品された『満月のくちづけ』（89／監督：金田龍）の製作総指揮を務めていたんですね。「そういえば僕の映画もローマに行ってるんだよなあ」と思いながら、『イカ天』を眺めていました。

僕は父親と喧嘩をし、長く居過ぎた家を出て、共同トイレの臭いが漂う狭い4畳半の、隣人の絹づれまで聞こえてくるような壁の薄いアパートに住んでいたので、『イカ天』も近所に迷惑をかけちゃあいけないと、音楽番組なのに音量をうんと小さくして耳をそばだてて見ていました。

そんなふうにローマのこともぼんやりとしか考えられなかったのですが、ある日宣伝の打ち合わせをしていると、「『鉄男』がグランプリを！」という電話を受けたんです。そう聞いても、喜びが溢れるといった感じではなく、ただ「ハハハハッ」と笑ってしまったのを覚えています。

海外の観客が熱狂！映画祭巡りを決意する

幸運なことに『鉄男』のフィルムはローマへと渡ったのですが、字幕をつける金銭的な余裕は当然なく、日本語の音声のまま上映しちゃったんです。それでもローマのお客さんはたいそう喜んでくださった、とあとで聞きました。セリフがほとんどなく、アクションだけで表現したのも良かったのかなと思います。

授賞式で『鉄男』コールが起こったというのを半信半疑で聞いていたのですが、後にそのときの映像を見せてもらって、「本当だ！」と震えがきました。「映画は国境を越える」とは言いますけれど、まさか自分の映画にそんなスゴいことが起きるなんて、にわかには信じられませんでした。ならば今度チャンスが訪れたときは、実際にその場に身を置いて、僕も〝熱狂〟を体験したいと思いました。それで3年後、『鉄男Ⅱ BODY HAMMER』を発表したとき、極端な選択とは知りつつ、「1年間、映画を作らなくてもいいから、誘われる映画祭には全部行ってみよう」と決め、実行に移したんです。

〝自主映画〟を海外に持っていくというのは、当時もちろん前例がなかったことはないのですが、そのためのチームを作って戦略的に行うことはまだありませんでした。『鉄男Ⅱ〜』は『鉄男』と同じ、最初は自力で始め、映画の内容が確定したところを見計らって出資者を募りましたが、このときも東芝ＥＭＩが出資を名乗り出てくださり、東芝ＥＭＩと海獣シアターを結びつけてくださった黒川文雄さんと相原裕美さん（おふたりとも当時「Ｆ２株式会社」）、ワールドセールスを『鉄男』で始めた朱京順さん（その後「ゴールドビュー」）の強力なお力添えで実現しました。そうしてフランスの有名なアヴォリアッツ国際ファンタスティック映画祭を皮切りにして、92年、初めての〝世界ツアー〟が始まりました。

〝アヴォリアッツ〟は第一回のグランプリ受賞作が、スティーブン・スピルバーグ監督の『激突！』(71)で、その後もブライアン・デ・パルマ監督の『ファントム・オブ・パラダイス』(74)やジェームス・キャメロン監督の『ターミネーター』(84)などが続く、ファンタジー、ホラー系の登竜門だったので、かなり気合が入りました。

翌93年を最後にフランス国内作品のみの映画祭に変わり、名称もジェラルメ国際ファンタスティカ映画祭になったのですけれど、『鉄男Ⅱ ＢＯＤＹ ＨＡＭＭＥＲ』は正式出品作で、合わせて『鉄男』『ヒルコ／妖怪ハンター』の２作も特集上映してくれまして、初めてなのに驚くような優遇ぶりでした。

驚くと言えば、〝アボリアッツ〟は観光地でもあって、冬は皆さん、スキーを楽しむ場所でもあるんですね。客層自体は尖ってはおらず、スキー目的の方もいるので、作品と肌が合わないと正直に態度で表す。『鉄男II〜』のプレミア上映で、途中で多くの人がバァーっと退席していくのを見たときは、血の気が引きました。悪い夢を見ているようでした。でも夜中の『鉄男』の上映では若い人たちが大勢集まり、熱狂的に迎え入れてくれまして。映画が始まる前に、勢い余って逆立ちしてスクリーンに足をかけて上映を待ちわびるお客さんや、映画が終わって「TETSUO!」と叫びながら雪山を走り回る若者の姿を見て、ほのぼのと嬉しい気持ちになりました。

この〝アボリアッツ〟のコンペティションは無冠だったのですが、続くポルトガルのポルト映画祭、ベルギーのブリュッセル国際ファンタスティック映画祭など行く先々の映画祭で審査員特別賞をいただきました。審査員特別賞は、番外の賞とも、グランプリの次に意義のある賞とも言われましたが、おおむね「ヘンテコな映画で賞」という意味だったのかな、と認識しています。

ヨーロッパからアメリカ、アジア圏と92年は1年中、『鉄男II〜』とともに海外の映画祭を回りました。

それまでは日本で映画を作って国内で上映することしか頭になく、国内が全世界だと思っていたのですが、「日本の外にもお客さんがたくさんいる」という事実を目の当たりにしたことで、創作のモチベーションが上がりました。確実に自分の視野が大きく広がりましたね。

異国の地でお客さんと一緒に映画を観ていると、次に何を作ればいいのか具体的な刺激があるんです。そして、尊敬する監督や映画人たちと容易に出会え、交流、親睦を深めることができます。さらに海外での評価は宣伝的にも有効なツールになると確認でき、もっとも重要なメリットとしては、各国の配給会社の方々に配給権を売るチャンスを得られました。これが成立すると、自分の次回作の制作費を上げることができ、外国でのセールスで得られるお金も最初から製作費に想定して始めることができるようになるんです。国内だけでは小さな回収でも、世界に広げれば、一個一個はそんなに大きな額でなくとも、足していくとそれなりの金額になる。初めは棚からぼた餅だった海外収入は、必要不可欠なものとなり、以後、世界の映画祭への参加は必須になりました。

映画祭で出会った素晴らしい映画人たち

〝アボリアッツ〟で最初に会った外国人監督は、『カルネ』（91）を携えていたフランス在住のギャスパー・ノエです。英語がうまく喋れない僕に構うことなく話しかけてくれ、すごく人懐っこくて、ついには自分の家にも泊めてくれました。今でも彼とは親交があります。

ギャスパーは『デリカテッセン』（91）を持ってきていたジュネ&キャロ……ジャン＝ピエール・ジュネとマルク・キャロのふたりに『鉄男』を観せる機会を作ってくれ、意気投合した僕らは、ギャスパーの音頭で「ホドロフスキー監督の家に行こう！」と、かのアレハンドロ・ホドロフスキーのお宅にお邪魔することになります。ホドロフスキーは言うまでもなくカルト映画界のレジェンドですが、『鉄男』がグランプリをいただいたときのローマ国際ファンタの審査員でもありまして。ホドロフスキーの家で、幻の『DUNE』の絵コンテを見せてもらったのは貴重な体験です。

ほかにも、この1年間では、ツイ・ハークに香港の自社〝電影工作室〟を見学させてもらったり、クエンティン・タランティーノ、ピーター・ジャクソン、トビー・フーパーに特殊メイクのディック・スミスなど、いろいろな方々にお目にかかることができました。

トビー・フーパー監督は先ごろ残念ながらお亡くなりになりましたが、『鉄男II〜』のずっとあと、『双生児』がスイスのヌシャテル国際ファンタスティック映画祭でグランプリをいただいた際は審査委員長をしていらっしゃいました。直接賞を手渡ししていただいたのは、忘れられない思い出です。

時代の移ろいを感じたのは、ダーレン・アロノフスキー監督と会ったときです。『東京フィスト』(95)を96年のサンダンス映画祭で観てくれたそうで、それで映画監督になろうと決心して飛んで帰り、そのあとすぐに、長編デビュー作『π』(98)の制作に取り掛かった、と本人から聞きました。ダーレンが『π』の公開で来日したとき、「私は〝塚本チルドレン〟です」と自己紹介してくれたんです。僕は32歳で初めて海外の映画祭に行くようになり、それがいつしか次の世代の人たちが自分の映画を観て「映画を作ろう」と行動するようになったわけで、この時間の巡り方は、ちょっと感慨深かったです。

映画祭巡りは冒険だ！

ところで、アヴォリアッツ国際ファンタスティック映画祭以降、数々の映画祭に参加するようになったときに分かったのは、「映画祭とはハプニングだらけなんだな」ということ。ハプニングをひとつひとつ解決して前に進んでいく文字通りの冒険です。

まず到着すると迎えに来てくれているはずの人が来ていないことがある。ぽつんと外国にひとり立たされ、とても心細いのですが、スペインのシッチェス・カタロニア国際映画祭ではそれが2回続きました。それから会場に通訳さんが用意されていない場合もあります。一事が万事、ハプニングやアクシデントの連続で、そうすると「郷に入れば郷に従え」の精神が必要になってきます。慣れというか諦めも大事かもしれません。

『東京フィスト』でメインキャストの藤井かほりさん、僕と弟の耕司が、スペインのシッチェス・カタロニア国際映画祭に招かれました。しかし、舞台挨拶の直前、「通訳がこない。すみません」と急に言われまして大変焦りましたが、「郷に入れば郷に従え」ですから、3人で独自の自己紹介をやろうと急遽相談しました。何かやればお客さんは喜んでくれるだろう、という雰囲気が客席にあったので、ノリだけの酷いギャグを付け焼き刃で練習して舞台挨拶に臨んだんです。僕が「晋ちゃんでーす」、藤井さんが「かほりでーす」、最後に弟が「耕ちゃんでーす」とそれぞれ日本語で言って、耕司が自分の役柄にちなんでシャドーボクシングをする。何のオチにもなっていない、リズムだけでオトシているという芸ですが、客席はけっこう沸きました。とても和んで、いい雰囲気になったのでした。

もっとも思い出深い映画祭・タオルミナ映画祭

あまりにも対応が酷かったときもあります。イタリアのシシリア島で開催されるタオルミナ映画祭。やはり最初に映画祭を回るようになった92年の出来事ですが、映画祭に着くとまだ公式パンフレットができていなかった。ということはその日、僕の映画の上映がすでにあったはずだけど、情報が行き渡らず、お客さんは皆無に等しかったに違いない。そのときは『鉄男II〜』と珍しく8ミリの『電柱小僧の冒険』も上映してくれるということで嬉しかったんですが、後日、『電柱小僧〜』の上映の場で事件は起こりました。

立ち会うと、音が出ていなかったので、映写室に言いに行ったところ、あろうことか、RECボタンを間違って押したまま……つまり、音を消しながら上映をしていたんです！

世に1本しかない、現物の8ミリフィルムを持ち込んで映写していたのですが、かろうじて事前にコピーを取っておいて助かりました。

イヤな予感はしていたんです。前日の『電柱小僧〜』の上映もずさんで、フィルムを受け取るほうのリールが小さく、巻き取りながらもフィルムが溢れそうだった。これはマズイとあとから気づいたらしく、工夫してもう一個リールをつけて、2個で巻き取ろうとしていたのですが、無駄な抵抗でした。フィルムが地面に落ちる前に上映をやめました。しかもスクリーンの上から暖簾みたいなものが垂れ下がっているのでなんだろうと思ったら、映写機のレンズについているゴミでした。巨大な上顎の歯みたいにびっしり並んで画面の3分の1は見えなくなっていたのです。

「今日は無理だから、明日あらためて上映を」と言われたので、翌日心配して行くと、まだ準備もできていないのに皆ロビーで昼寝をしていました。シシリア島は〝シエスタ・タイム〟を取るのが基本で、どんなに切迫した状態でもみんな、きちんと昼寝をしていたんですよ。「リールの件は解決したの？」と訊きますと、それからゆっくり解決してくれました。そのあとに起こったのが〝REC事件〟だったんです。

普通だったら激怒ものでしょう。実際、僕もさすがに嘆きました。8ミリ上映というイレギュラーなものだったせいもありますが、やはり事前チェックは入念に行わなければいけないと気づいていきます。

ほかの会場でこんなことがあったんです。ある監督の映画を観ていたら、急に画面が逆さになりました。「そういう狙いか？」と思ったら、フィルムを頭からでなくお尻からかけていたんです。

今はDCP（デジタルシネマパッケージ）というデジタル上映が基本ですが、つい最近まで映画はフィルムで上映されていて（古い映画は今もそうです）、一本の映画で、6本から8本のリールに小分けされたものを2台の映写機で順繰りにスクリーンに投影していきます。つまり、あるリールだけ前の上映で巻き戻しされていなかったんですね。それで、逆さまに絵が映ったわけです。その上、うまく映写機の歯車に合わなくて、ついにはパチンってフィルムが切れちゃったんです。

そのせいで、なかなか再開されずに、痺れを切らしたお客さんはどんどん出ていく。何とか復旧して上映後、監督がにこやかにこうスピーチしたんですよ。「私の国では

1時間半バージョンを上映していますが、今日は特別に2時間半バージョンをお届けしました」。このウィット……「大人だなあ」と感心しました。今思うと一体どこに感心してるんだ、という感じですが。

このタオルミナ映画祭、それ以降、一度も訪れる機会がないのですが、たまに「どこの映画祭が良かったですか?」と質問されると、不思議なことに「タオルミナ」と答えてしまうときがあるんですね。

あんなに酷い目に遭ったのに。シシリア島のあの青い空と、白い壁、真っ赤な花とおいしいパスタ、そして古代ローマ時代のコロッセオみたいな石造りの競技場で映画を上映する〝夢空間〟があまりに印象的で、とてもいい映画祭だったような気になっちゃっているんです。

いつもハプニングばかりだったけれども、あれはあれで面白かったなあ、みたいな。まあ、怒っていると身が持たなかった、というだけのことですが、今はその反動のせいか間違いがないよう事前の上映確認は欠かしませんし、渡航前からスタッフの人たちに入念な確認を繰り返してもらっています。自分の扱いはともかく、ほかのゲストに失礼があってはいけませんし、映画がきちんと上映されないのは我慢のならないことですからね。当時は前例がないことへの挑戦だったので、目隠しをして手で探っていくような感じで、珍道中必至でした。

『鉄男』から『斬、』へ冒険はまだまだ続く

すでに新作『斬、』とは一緒に、世界三大映画祭のひとつであるイタリアのヴェネチア国際映画祭、北米で一番大きなトロント国際映画祭、アジアを代表する釜山国際映画祭へと行きました。この三つの映画祭が決まると、まずは大成功と言えます。その後の長期的な「冒険」、作品を世界中に知らしめていくための重要な〝3本柱〟になるんですね。

『鉄男II BODY HAMMER』からファンタ系の映画祭が多かったのですが、97年、北野武監督が『HANA-BI』で金獅子賞を受賞した年にヴェネチア国際映画祭で審査員をしてから、翌年の『バレット・バレエ』以降、ヴェネチア映画祭の出品が多くなり現在に至っています。

国際映画祭の一番の魅力というのは、悪いハプニングも起こりやすい分、よいハプニングも起こります。そのひとつが、やはり思いがけない方々に突然会えることで

しょうか。

『斬、』のトロント国際映画祭でも、国際交流基金の主催するパーティ、〝ジャパン・フィルム・ナイト〟で『サスペリア』（77／監督：ダリオ・アルジェント）や『ゾンビ』（78／監督：ジョージ・A・ロメロ）などの音楽で名高いプログレ・バンド、ゴブリンのキーボード担当、マウリツィオ・グアリーニさんに丁寧なご挨拶をされました。「『鉄男』が好きです。私は〜〜〜」と自己紹介を聞いているうちに「えっ⁉」と耳を疑い、もう一度聞き直すほどビックリしたのですが、あとで調べたら確かにご本人でした。

映画祭巡りはまさに世界を渡る冒険。『鉄男』から始まった「冒険」の旅は、まだまだ続いていきそうです。

第4章
映画作りは頓智合戦

アナログからデジタルへ

フィルムのサイズを大きくしていきたい憧れが強すぎて、高校の授業中、ノートに定規で8ミリフィルムを実際の大きさで描き、さらに16ミリ、35ミリの絵も並べ、その絵の中に人物も描き込んで、ひとり喜んでいたほどでした。8ミリの絵のフレームには人物の輪郭しか描けませんが、35ミリでは人物に目や鼻のディテールまでいろいろ表現することができると、それだけでもうワクワクしてました。8ミリで作ったものが、16ミリや35ミリに化ける方法はないかとか、そんなことばかり考えていたんです。

劇場映画を作るようになってからも、僕には、『スター・ウォーズ』(77)を製作、監督したジョージ・ルーカスのように、やりたい企画のために機材を開発する、なんて発想はなく、なるべく簡単な道具で済ませることはできないかと、いつもそんな調子なんです。写す対象にはああだこうだとこだわり、精一杯力を込めるのですが。

僕のようなアナログ人間ですと、フィルムはお金がかかるけれど、撮ったものを「切って貼って繋げていけば映画ができる」というシンプルさが性に合っていたのでしょう。ただし、長くフィルムのことばかり考えていたアナログ人間とはいえ、『HAZE』（06）で全行程デジタル映画にしてからは、その恩恵が多すぎて、予算の取れない僕の映画には必要不可欠になりました。コンピュータは覚えなければいけないことがたくさんあるので、機械に弱い僕には向いていないんですが、スタッフに任せるばかりでなく、必要なことだけでも覚えたいと思っています。

身近にあるものをとことん活用した『鉄男』シリーズの冒険

映画作りは冒険そのものですが、どの作品もそれぞれ冒険の種類が違います。毎回同じではないから、また血湧き肉躍る冒険となるのでしょう。

劇場デビュー作『鉄男』は、初の16ミリフィルム作品で、8ミリ映画『電柱小僧の冒険』を作った当時の演劇仲間と一緒に撮影を乗り切りました。鋼鉄化していくひとりのサラリーマンと謎の男のバトルを描いた映画ですが本当に少ない人数で作られたのです。

コマーシャル演出のバイトでもらった30万円で、中古のスクーピックという戦場などで記録用に使うような簡易16ミリカメラと10本くらいのフィルム。それから3セットのスチールカメラ用のアイランプという照明だけを買って、制作を開始しました。

画面に映っているものは全部身近にあるものに手を加えて作ったので、本当の手作り映画と言えます。主演の田口トモロヲさんの顔に施した金属の特殊メイクは、専用のアプライエンス（本人の顔型から作り出したシリコン製の人工皮膚）ではなく本物の金属です。〝燃えないゴミの日〟に拾ってきたテレビを壊して、中から金属パーツを取り出し、それを両面テープで田口さんの顔に貼っていったのです。

田口さんは「俺の博多人形のような肌が……！」と嘆いていらっしゃいました。

劇中で田口さんの股間で回るドリルペニスですが、これは扇風機を壊して、その回転軸に軽い材料で作った金属ペニスを取り付けました。しかしペニスが軸と少しでもずれるとうまく回らず、田口さんはヒロインを襲う演技をしながらも、なるべく分からないようにドリルペニスを自分の手で回していました。おそろしいシーンを演じる田口さんの優しいエピソードです。

すべての特撮は、コマ撮りで行いました。一コマずつ造形物を動かしては撮影していく方法ですね。もっとも『鉄男』はクレイアニメのように丁寧に撮影するのではなく、荒々しくテンポを上げて撮影しました。そうすることで、クレイアニメの柔らかい雰囲気でなく、ミュージッククリップのようなソリッドな印象を出していったのです。

やっていくうちに細部までこだわりだし、どんどん膨れ上がり、取り憑かれたようにコマ撮りをしながら1年が過ぎ、最後にはひとりで鋼鉄の脳内都市を相変わらず1コマずつ撮影していました。

「そして誰もいなくなった……」と独り言を言っていたのを思い出します。

作りながら様々な方法を見つけていくのは8ミリ映画時代とまったく同じです。

『鉄男II BODY HAMMER』は、前回のSFホラーがSFアクションとしてスケールアップした映画になりました。『鉄男』を観て集まってくれたボランティアスタッフで1年をかけて準備と撮影を繰り返し完成させた、自分の全作品でもっとも時間と労力のかかった作品と言えます。今回は『鉄男』のスタンダードサイズという正方形に近い画面から、横に長いヴィスタサイズのカラー映画にしてグレードアップしていきたかったのですが、そこまでの予算はなく、『鉄男』で使ったスクーピックのカメラをもう一台買い、アイランプの数をもう少しだけ増やしグレードアップ、ということにしました。2カメにしたのは、『鉄男II〜』では金属化した体から、手間暇のかかる銃撃の火花が吹き出すので、それを2方向から撮影し撮ったものを目一杯使えば、一回の銃撃で倍の尺が使えるという、グレードアップだかケチなんだか分からない理由からでした。

しかし、特殊メイクや特殊造形のプロの道を歩み始めていた若いスタッフも集まってくれたので、田口さんの顔には、両面テープを使うこともなく専用のアプライエンスを綺麗に貼ることができ、凝った造形物もどんどん作られていきました。『鉄男』に続き海外に持っていくことを想定していたので、予算のかかったほかの特撮映画にひけをとらないものにしようと気合いを込めて作っていたのです。『鉄男』同様、最初の立ち上げは自分たちで行い、撮影の途中で東芝ＥＭＩの第1回映画作品という名目で経費を出していただき、照明も途中からは専用の機材を借り、大きな工場でのバトルシーンに臨むことができました。そして世界の映画祭の大きなスクリーンに映し出され、様々な国の人に観てもらったときは、8ミリで始めた子供のころからの夢が、大きく結実した手応えを感じたのでした。

『東京フィスト』自らボクシングを体験するという冒険

『鉄男』シリーズで海外からも注目を浴び、配給してくださる会社も多かったので、今度はプリセールスと言って、最初にお金を集めて次回作を作ろうとプレゼンテーションを始めましたが、その次回作が「ボクシング映画」だと知ると、スポンサーの関心が一気に引いていくのが分かりました。「何でSFホラーの監督が、よりによってボクシング映画なの？」となり、またそれがいわゆる皆さんが想像しているボクシング映画ではないものですから、企画はますます分かりづらくなってしまい、結局は自分で作ることになりました。

それが『東京フィスト』です。保険の勧誘員という〝安全〟を売り物にしている主人公が、もっとも危険なリングという場所に飛び込んでいく物語です。ボクシングのトレーナーをしていた僕の弟の話から、生々しいボクサーたちの生態を描く映画にしようと目論んでいたのですが、途中から「恋愛格闘もの」という趣に変わっていったんです。

映画を作ったり役に扮したりするときに、なるべく実感の水位を高めておきたいと思うので、1年間僕もボクシングジムに通い、実際に体験しなければ分からない感触やエピソードをこの『東京フィスト』に盛り込んでいきました。本物のボクサーを経験した弟と、サラリーマン役の自分が主役を演じましたが、自主映画では、「作ること」と「演じること」をひとまとめにしてテーマにぶつかり、体で映画を模索していくことが多いです。

『バレット・バレエ』思いもよらぬ体験、おやじ狩りに遭う

続く『バレット・バレエ』は、恋人が自殺に使った拳銃に執着していく男の話なので、このときはサイパンに実際の拳銃を撃ちにいきました。最初は緊張して一発一発撃っていたのですけれども、時間がなくなるとパンパン軽く撃ててしまう自分に驚きました。そこは観光客用には、一発の弾丸に込めた火薬が加減してあると知ったので、そのあと別の場所でショットガンも試してみました。一発撃つごとに、音を防ぐためのヘッドホンが衝撃で吹っ飛び、係の人が一回一回拾ってくれる様がまるで餅つきの

動作みたいでした。

ところで『バレット・バレエ』では、中年のCFディレクターと若いギャングたちとの抗争が描かれますが、映画を構想しているまさにそのときに、映画の中で暗躍するような若いギャングたちにおやじ狩りに遭ったんです。

大塚駅の自転車置き場の奥で、若い人たちが僕からお金を巻き上げにやってきたんですね。恐怖を感じながらも、「映画のテーマにしている人たちが来た！」というトキメキではないのですが、「これが噂のチーマーか……、せっかくだから映画の取材としてちゃんと見ておこう」と緊張しながら思ったのですけど、やっぱり危害を加えられたら大変です。喧嘩しても絶対負けちゃうのは明らかなので、0・1秒くらいの速さでお金を出しました。あろうことか「これで許してください」とも口走っていました。

その人たちはお金を見て、これだけあればいいかというリアクションで向こうに歩いていったんですが、少しは引け目もあるのか内心怖いのか、徒競走くらいの速さでお尻をぷりぷり動かして去っていったので、憎悪のようなものが湧いて来て、とっさに自転車置き場の横のピンサロに立てかけてあったモップを持って、「テメーら！」という感じで追いかけていったんですね。ただ追いかけながら、もし追いついちゃったらどうしよう……なんてことも、どこか冷静に思ってるんですが……。

そうこうしているうちに彼らの姿を見失ったところ、今度はモップを持っている僕を見て不審に感じた警察官が現れて、「こらこら」と呼び止めてきたのでした。そんなことのすべてが『バレット・バレエ』には反映されています。

閉ざされた都市から解放される肉体

都市生活で、ひとりの女が抑えていた自分の肉体性を解放していく『六月の蛇』は、自分の妄想から生まれた映画だったので、新しく覚えたり事前に経験しておくことはなかったのですが、仕掛けや道具立てのない、肉体そのものをぶつける、エロティシズムに真っ向から挑んだ映画でした。

自分の中に、女性になりたいという願望があったので、主演の黒沢あすかさんには、ジェラシーのようなものを覚えながら、翻弄されたあげくに生命の力強さを発露していく女性の役を託しました。

大切な役でしたが、その役を演じることに理解を示してくれる俳優さんはなかなかいないと思っていたので、役を快諾してくれた黒沢さんには、土下座してお礼をしたいくらいでした。

ヴェネチア映画祭では、イタリアの男性に黒沢さんはモテモテで、女性からも共感を集め、イタリアのベテランの評論家から、「ソフィア・ローレンより美しい！」と絶賛されました。のちに僕が『沈黙-サイレンス-』（16）に出演したとき、監督のマーティン・スコセッシさんから「『鉄男』と『六月の蛇』が好きだ」と言われ、『沈黙-サイレンス-』でも黒沢さんを起用してくださり、これで黒沢さんには難しい役をやっていただいた恩返しが少しはできたような気になりました。

続く『ヴィタール』（04）は、解剖実習を通して、忘れていた記憶を取り戻す医大生が主人公でしたので、普通は実現できない解剖実習見学を、特別の計らいで見せていただきました。原付オートバイや自転車で外側の世界を知りたかった気持ちが強まっていたころですが、同時に人間の体の仕組みを究極のところまで知りたいという探究心もありました。このときは映画を通して、レオナルド・ダ・ヴィンチのように、〝世界の仕組み〟を解き明かしたかったのだと思います。

『ヒルコ／妖怪ハンター』アンダーグラウンドからメジャーへ

今回、高校時代のノートを読み返してみると、「いつかは多くの人に観せられる映画を作ろう」と記してあったのを見つけました。「多くの人に観てもらうために画面は明るく」とも書いてあって、今の自分とあまりに違うので、ちょっと笑ってしまいました。

大学卒業後、CMの世界に入って、スポンサーに満足してもらうように映像を作っていたら、「自分には向かない」と感じ、その反動で、それまで考えたこともなかったアンダーグラウンドな『鉄男』へと行き着き、劇場映画監督としての道が始まったのですが、一方で、ハリウッドのメジャースタジオのような〝大きな映画〟を作る夢は依然、持ち続けていたんです。

特に、30代の前半に『鉄男Ⅱ BODY HAMMER』を発表した時期はそういう企画がかなりありまして。一番多かったのは『鉄男アメリカ』をやらないか、という話です。僕がアメリカに呼ばれとき、引き合わせてもらったクエンティン・タランティーノと話が盛り上がったのもそのひとつで、『パルプ・フィクション』（94）の撮影中、お休みの日に時間を取ってくれました。

最初にアメリカに行ったのは、小さなアクションホラー物を作っている脚本家兼プロデューサーの人と進めていた『鉄男アメリカ』を、ハリウッドのいくつかの会社にプレゼンするためでした。大きな話ではなかったので、かえってリアリティを感じて進めていたのですが、そのときに個別にご挨拶に行ったエージェンシーでこの企画を話したら、「タランティーノが絶対興味を持つ！」と引き合わせてくれたのでした。タランティーノとは、打ち合わせをするワッフル屋さんの店前で並んでいる間に「やろう！」と決まるところまでいきました。実際に始めれば大きな壁が待ち構えているのでしょうが、そこにあともう少し滞在すれば、自動的に映画はできあがってしまうのではないかと思えるほど、ハリウッドは活気に満ちた場所でした。

そういうわけで、32～33歳のころは、「ハリウッド映画を作るのは僕かな」なんて思えるほど、けっこう交渉にも取り組んでいたんですね。でも、英会話の力不足も痛感し、「自分の制作スタイルを先方に理解してもらうのはなかなか難しい」と分かって、アメリカ映画は将来的な目標ということにし、『東京フィスト』や『バレット・バレエ』など、従来の考えを突き詰めながらコツコツとやっていけるほうへと進みました。

僕のフィルモグラフィー中、〝大きな映画〟として実現したものもあります。諸星大二郎さんの劇画を実写化した『ヒルコ／妖怪ハンター』が最初のその一本です。考古学者・稗田《ひえだ》礼二郎《れいじろう》と少年たちの、ヒルコという古代生物を巡る一夏の冒険活劇です。

オファーをいただき、洋画系の松竹富士配給に決まり、『鉄男』の次にいきなりのメジャー作品となりました。そのとき、プロの現場にはスタッフが最低30人くらいはいる、と聞いて驚きました。実際にはこれが、70〜80人も抱えることになったんです。『鉄男』は数人で作ったので、なんでそんなにスタッフが必要なのか、すでにプロの現場を経験していた友達の映画監督、利重剛さんに聞きに行って、それぞれの役割を教えてもらったんですよね。

この『ヒルコ／妖怪ハンター』は初メジャー映画にして、結局これまでで最高のビッグバジェット映画になりました。『鉄男』とは大違いで、撮影部隊はまるでコンボイのようでした。

撮影は、これも初めての経験ですが東宝スタジオにセットを組み、同じ敷地内で黒澤明監督が『八月の狂詩曲』（91）を撮っていらっしゃいました。ナマ黒澤明監督を目撃した貴重なひとときでしたね。

完成した『ヒルコ／妖怪ハンター』は僕にとって、『つぶやき岩の秘密』や『夕ばえ作戦』（74）など子どものころに愛したNHK少年ドラマシリーズのオマージュでもあり、原作のイメージとはだいぶ違ったテイストになりましたが、諸星大二郎さんは喜んでくださいました。

プロデューサーの要望は『妖怪ハンター』の中の短編「黒い探求者」と「赤い唇」を、オムニバスでもいいし一本にしてもよいので映画化すること。その要望に応えたもので、自分のやりたいことと仕事をドッキングさせることができた作品と言えます。様々なベテランの方が集まり、力を発揮してくださって、初商業映画ながら愛着のある作品になりました。

ですが、商業映画ゆえ、いつものように自分でお金を管理していなかったので、「いよいよ最後の大合戦だ！」という段になって、ベテランスタッフのひとりがやって来て、「ここで金は尽きてるから、ひとつ加減のほうよろしく」と低い声で言われたときは、ゾーッとしました。「さあ、これからだ」と意気込んでいたときですからね。それだけでもやはり、「自分が目配りできる範囲の映画を作ろう」とあらためて思ってしまった出来事ではありました。

メジャーとインディペンデントスタイルの合体『双生児』

もうひとつのメジャー映画『双生児』は東宝の配給で、こちらも大好きな江戸川乱歩の原作ものでしたのでお引き受けしました。ふたりの同じ顔を持つ男が、かたや名誉ある医師の跡取りとして、かたや貧民窟で育ち、ひとりの女を巡っていく話です。今度は制作体制を海獣シアターで仕切らせていただき、尊敬する一流のスタッフと海獣シアターのスタッフの混成部隊で挑みました。

とても短い小説でしたが、『ヒルコ〜』のときのように自分の持っているテーマや素材と合体させて、大切な映画にすることができました。

しかし撮影が僕の映画としては大変短く、とても過酷で、冬の厳しさのさなか、助監督は全員倒れ、最後には自分も倒れそうなのを三脚に立てたカメラを覗くような形で体を支えて、ようやく撮り上げたのでした。

そのほか、大きな映画ではないですが、『玉虫〜ｆｅｍａｌｅ〜』(05)、『妖しき文豪怪談　「葉桜と魔笛」』(10)など原作のある依頼された企画にも、変わらず大事なテーマを注ぎ込み、仕事との両立を図ることができました。つまりは、決して「自分発のプロジェクトしかやらない」と、殻に閉じこもっているわけではないんです。

自らの企画を売り込んだ『悪夢探偵』、アメリカ映画風自主映画『鉄男 THE BULLET MAN』

『悪夢探偵』と『悪夢探偵2』は、他人の夢に入ることのできる〝影沼京一〟という青年の物語で、初めからシリーズものを考えていました。

自分の企画で最初から出資をしてもらう初めての映画です。言ってみれば、夢の達成と言えます。実際は、もう自社で映画を作るお金がないので、出資元を探さなければならない事態だったのですが。

当初は、深夜に放送が終わったあと、ホワイトノイズの中からドロローンと現れるテレビシリーズで企画を考えていました。視聴者は、寝ようとしていた真夜中の時間に不思議な映像を見せられて、翌朝目を覚ますと、それが夢だったのか現実だったのかが分からなくなる……というような、そんな〝怪現象〟に近い番組になればいいなあ、と。短い話をいくつも用意してはいましたが、まさか長編の映画シリーズになるとは想像もしていませんでした。が、実はこの『悪夢探偵』に関しては「まだやり足りていない」と思っていまして、大小様々な企画のアイデアが今も浮かんできます。アメリカからリメイクの話もありますけど、自分としてはそれとは別に、妖しくドロドロなタッチの小さなアニメとかにできないかな、と夢想したりしています。

『悪夢探偵』シリーズのあとに手掛けた『鉄男 THE BULLET MAN』は、性懲りもなくまたひとりのサラリーマンが鋼鉄人間と化していく話ですが、あれだけ熱心に誘ってくれていたアメリカの会社の『鉄男』への興味はもうほぼ消失してしまっていたので、またしてもボランティアさんと手作りで始める伝統的なスタイルになりました。

この映画では全編英語のセリフで俳優の皆さんに挑んでもらいました。昔から『鉄男アメリカ』と繰り返し言っていたので、英語劇の映画を作るのは、パロディ感覚も少し入っていましたが、何とか多くの人に字幕なしで観てもらえないか、という野心もあったのです。

そして『鉄男』『鉄男II〜』と同様に、鋳物の街・川口で、そのときは鋳物工場もほとんどなくなってしまいましたが、ゆかりの場所での撮影になったのでした。

最初の『鉄男』は、自分が油絵を描くときのような即興的に造形していった鉄男でしたが、『鉄男Ⅱ～』では、若い造形作家たちが個性的な鉄男を作り出してくれたんですね。そうしてこの第3シリーズは、前から考えていた造形のプランがあったので、鉄男の全変身過程を自分でデザインし造形しました。昔の即興ではなく、主人公のアンソニーを演じてくれたエリック・ボシックさんの顔の型を取り、その顔型に粘土を貼って作り込んでいったんです。特殊メイクや特殊造形は、その道を志す若い人たちが苦心惨憺して実現してくれ、川口の倉庫跡地に主な舞台となるセットを作り込み、映画に写るすべてのものを手作りで準備していきました。

SFアクションにしてヴェネチア国際映画祭のメインコンペで上映される機会に恵まれましたが、興行的には大きく失敗し、その後はしばらく小さな映画作りになるのを余儀なくされました。この工場跡は、撮影後も海獣シアターの物置となり、あとに控えている『野火』ではさらに大勢のボランティアスタッフが集まって、すべてのものを自分たちで賄う、手作りの大工場になったのでした。

『鉄男』シリーズは『悪夢探偵』同様、僕にとってはまだ終わっていない、もっと暴れることができる、といつまでも思える題材です。

混迷の時代に生きる母子の物語『KOTOKO』

さて、様々な制作スタイルを経て、金銭的な事情から『鉄男』のころの作り方に戻った、とても小さな映画が『KOTOKO』(11)と『野火』です。

『KOTOKO』は、シンガーソングライターのCoccoさんの世界に刺激を受けながら、世の中が戦争に近づいている恐怖、そういった時代に生きる母と子の姿を綴った作品で、ヴェネチア国際映画祭で第二コンペのグランプリと言われるオリゾンテ賞を受賞しました。海獣シアターの極小スタッフと、Coccoさんの協力者の方々の力が合わさり完成させることができた、小さいけれども自分にとって〝かけがえのない作品〟になりました。

撮影直前に東日本大震災が起こり、原発から放射能が漏れ、脚本段階で描かれていた〝大切な人を守るのが難しくなってきた時代〟というテーマがより切実な問題になります。原発事故を調べると、それまで安心していた世の中の仕組みに大きな不安を感じるようになり、その不安は、「それまで70年間、戦争がなく続いていた平和を揺るがすほどのものまで露呈してしまった」という現状認識へと至ります。

むろん、こうして食うに困らず日々を送らせてもらっていることには基本的感謝がありますま。今の社会を維持している方々への尊敬の念もあります。しかし他方で、大人が作り出した世の中の仕組みというものがこれほど不安に満ちているものなのか、と知ったのもこの時期です。

過剰な電気を作り出すために必要だった原子力発電所。その何万年も放射能を出し続ける使用済み燃料を処理する目処は立っていない。地底や海底にドラム缶のようなもので沈めても目の前から見えないようにしただけで、ドラム缶の寿命がそんなに長く続くはずはない。もうすでに使用済み燃料は溢れかえっている。それでも原発は再稼働する、という。さらには、外国には使用済み燃料を引き取ることを条件に原発を販売している。目先のお金のことが優先で、これから先の生命のことまで考えているとは到底思えません。

ある一部の人がお金を儲けるために、多くの人々がひどい目に遭う権力の構造は昔から変わっておらず、そういう考えをしている人たちが戦争を始めてしまったらどういうことになるか。70年間日本が戦争をしないでこられたのは、いくつもの理由はあると思いますけど、実際の戦争に行かれた、戦場のおそろしい体験や痛みが体感として残っている方々がいらっしゃったからでしょう。太平洋戦争が終わって、またすぐに戦争ができる国にしたい方々がいたとしても、二度とやってはならない、と炎のように思う人たちがいらしたからに違いありません。そういう方々がいらっしゃらなくなるのを待って威勢のよい姿を見せ始めるのは卑怯にさえ感じます。

僕も映画を見ていただければお分かりいただけると思いますが、世の中の動きに対してただ楽観的に構えていることはできません。ただかつて踏み込んだ同じ過ちをみすみす繰り返すのは我慢なりません。

戦場を体験している方々がほんの一握りになってしまった戦後70年。一刻も早く作らなければ、と突き動かされたのが、長年構想してきた大岡昇平さんの傑作戦争小説の映画化『野火』でした。

もっとも過酷な映画作り『野火』

『野火』は、第二次世界大戦のフィリピン戦線で、過烈な戦況や極限的な飢餓から精神を壊していく中年の一兵卒の物語です。長い間映画化を目指して出資を募ってきましたが、まったくうまくいきませんでした。

実際に撮影を始める8年ほど前に、フィリピンでの戦争から生還された〝フィピン戦友会〟の寺嶋芳彦さんに体験談をうかがい、レイテ島の兵士の遺骨収集にもおつき合いさせていただきながら、当時の戦況がいかに凄まじいものであったかを知ることができました。

『野火』の映画化は、自分の映画作りで一番の大作になるはずでしたが、この時期を逃すともう作るチャンスもなくなるのでは、という切迫した気持ちになり、強引に制作を開始します。ひとりで準備できることはギリギリまで全部やり、ツイッターでボランティアスタッフを募集し、面接に来た人たちに、たった一着だけ購入した軍服や装備一式と、一丁だけ用意した銃と剣を机の上に置いて見せ、「大量に複製するにはどうしたらいい？」と尋ねました。

そのときは、ゆくゆくは巨大な米軍護送車が必要になることまでは考えないようにしていたんですね。あまりに難題で、脳味噌がパンクしてしまいますから。最初に考えたのは、まず1セットの衣装があって、自分がそれを着てフィリピンに行き、カメラを三脚に立てて自撮りをすればとりあえずは柱は立つ、とおそろしいですが、本当にそう思っていたのです。

さらに、スタッフ、キャストの2名分の飛行機代もケチって、ひとりでフィリピンに行き、いろいろな風景を自分が兵士を演じながら切り取っていこうと計画します。いったん始めてしまえば、あとはいつものごとく、もう終わるまで走りきるしかないので。

大作映画として尊敬する俳優さんに主演をお願いし、多くのお客さんに観ていただくのが夢だったので、この映画に関しては自分などが出るというのはほとんど〝やけのやんぱち〟でしたが、とにかく映画がこの世に誕生するのが一番と考えたのでした。

完成した映画を観ていただければ、ボランティアスタッフと、極小の海獣シアターのスタッフがどれだけ死に物狂いの働きをしたかは、お分かりいただけると思います。考えないようにしていた巨大な護送車は知恵を絞って、街のお店から譲ってもらったダンボール箱で作りました。映像にはこだわるので、それがダンボールだとは誰も気づかないでしょう。無から始めましたが、ふんわりしながらも粘り強いボランティアスタッフさんと、遠くに感じたフィリピン撮影を実現させるため初動から関わってくださった協力者、そして心強いわずかな海獣シアターのプロスタッフたちとで完成させることができました。

ケチりにケチって始めた映画ですが、もともとが超大作にしたかった内容ですので、結局はそれまでの自主映画とそう変わらない制作費にはなってしまいましたが、その金額で完成したのはほとんど奇跡と思っています。もしも、父の遺産が入らなかったらどうするつもりだったんでしょう……と、今は思います。

『野火』の上映は最初に決まった40館からその後80館まで伸びて、今もさらに館数を伸ばしています。とはいえ、いくら伸ばしているといっても日本地図で上映した場所を点にして見てみると、その点と点の間の上映されていない場所があまりに多い。

その場所の方々に、映画館の臨場感で観てもらうにはどうしたらいいのかと、最近は考え始めています。「巡回劇場みたいなものはどうだろうか」とか。昔からの憧れの〝秘密基地〟のような劇場装置を施して、点と点の間を埋めていくようなことはできないかなあ、と。

いずれにしろ『野火』という映画は、今後もひとりでも多くの方々に観ていただき、戦争とはこういうものである、ということだけでもまず理解してもらえたら……と祈念しております。

コペルニクス的発見で編み出された様々な手法

ぱっと考えただけでは到底難しいだろう、と思うことを実現に向けていくときにいつも口にする合言葉は、「頓知《とんち》」とか「コペルニクス的発見」です。

実際は「コペルニクス的転回」と言うらしいのですが、間違ったまま、ずっとこの言い方で使っています。固定観念で考えないで、地球の表面をペロッと剝がしてひっくり返すような、「効果は絶大なわりにものすごく簡単になるアイデアは何かない?」といつもスタッフに聞くのです。

これまでに作ってきた映画の中で、海獣シアターの「コペルニクス的発見」をいくつか思いつくまま箇条書きにしてみます。

●『鉄男』の巨大な金属の怪物の塗装は、銀色を塗ってから、黒い汚しもかけていくのでなく、拾ってきた大きなゴム皮の黒い表面を活かし、うっすらと最小限の銀スプレーをかけ、塗っていないところが汚しに見えるようにした。

●最初に思い切り作り込んだ鉄男の変身完了形を見せておけば、あとは銀色の肉襦袢みたいなものでもお客さんは完了形を想像してくれる。

●『鉄男Ⅱ BODY HAMMER』は、『鉄男』の正方形に近いスタンダードサイズより横に長いヴィスタサイズにして豪華な感じにしたかったが、お金がなく、レンズも変えられないスタンダードのカメラのままだったので、「ワイド！（ヴィスタ！の間違い）」と念じた（一番バカバカしいですが、ヴィスタサイズでワイドレンズを使っていると思ったお客さんがいたので成功とする。何事も心意気でそう見えるようになる）。

●『東京フィスト』の会社のシーンで使った壮大なクレーン撮影は、箱馬を階段状に積み上げて、カメラマンが入魂で手持ちのカメラが揺れないよう階段を上がっていき撮影した。

●『鉄男 THE BULLET MAN』での最後のビルとビルの間の空中戦は、実際のビルの隙間では危なくて撮影できなかったので、ビルの床下の広いところを見つけ、横に広がる空間を縦に見立てて撮影した。僕が演じるヤツの顔が重力に逆らえず不思議なホッペの形をしている。

●『鉄男 THE BULLET MAN』の狙撃部隊の膝のプロテクターはブラジャー

である。

●『野火』で亡骸に湧く蛆虫は、一回本物を見せておけば、あとはパスタでもお客さんは本物と思い込む。その際最初にパスタを見せても、直後に本物の蛆虫を見せれば、前に見たパスタも蛆虫という記憶に変わる。『野火』は全編頓知でできているので、それだけで1冊の本になってしまいます。

そのときそのときはまったく真剣なのですが、書いていて息苦しくなるようなコペルニクス的発見ばかりであります。

僕の映画に欠かせないボランティアスタッフ

僕の映画は、ボランティアスタッフさんのウェートが大きく、重要なポジションで協力していただいている場合が多いです。これまでに観たこともないような映画を目指し、皆で知恵を出し合いながら長い時間をかけて作るので、知識はなくともやる気のある人たちの力が必要です。

ただし、一回でも関わってくれた人がもう一度関わってくれるときはもうプロということになります。いつまでもボランティアさんではありません。お支払いするタイミングはそのときどきですが、必ずお礼をします。頑張ってくれた労力に見合うものにはなかなかなりませんが……。

そうして成長したスタッフが、新たに入ってきたボランティアさんに手ほどきをしながら、また新しい映画が作られていきます。そのときのボランティアさんが次に関わってくれるときはプロになります。

そうしているうちに、海獣シアターと相性の合う実力あるスタッフがだんだんと増えていきます。海獣シアターのやり方を知っているので呼吸をピッタリ合わせることができますから、作業も早くなり、効率も自然と良くなっていきます。

成長するスタッフたち

『鉄男』や『鉄男II〜』は、手作りの特撮に時間がかかったというのが主な理由ですが、1年間かけて準備撮影を繰り返して作りました。けれども『東京フィスト』や『バレット・バレエ』になると格段に成長し、4ヶ月くらいで撮影できるようになったんです。僕が主演を兼ねていたので、スケジュール調整はゲストの方だけに集中できます。やがて僕の映画でキャリアを始めたスタッフが外の仕事へと関わるようになると、さらに力を蓄えて戻ってきてくれました。頓知とプロの技術のいいとこ取りをしたようなスタッフに成長しています。

そして、『六月の蛇』や『ヴィタール』では、思ったような映画が2ヶ月の撮影期間で可能となるところまでスキルがアップしました。この期間ですと、僕の映画に理解を示してくださる俳優さんを主役に迎えることができるようになります。

浅野忠信さんが主演の『ヴィタール』は、自分の映画で育ったスタッフが多くの著名な俳優さんをゲストに迎え、自主映画としては初めての35ミリ、同時録音で作ることができた作品になりました。

『鉄男II〜』『東京フィスト』『バレット・バレエ』『六月の蛇』は16ミリフィルムで撮影して、のちに劇場用の35ミリにブローアップしたもので、最初から35ミリで撮影した『ヴィタール』の制作は、フィルムサイズが大きくなるよう呪文をかけていた10代のころからの念願が叶ったモニュメントとも言えますね。ちなみにそれ以前に制作した『双生児』も35ミリ作品でカメラも自分で回しましたが、自主映画ではありませんでした。

『ヴィタール』は、一部外部のプロの方にも入っていただきましたが、僕の映画のやり方にはなかなか合わなかったところもあるかもしれません。それでも従来のスタッフは技術的にどんどん伸びていき、こうして育ったスタッフが完全にプロのペースで制作に携わったのが、『悪夢探偵』と『悪夢探偵2』です。『悪夢探偵』シリーズでのスタッフの成長ぶりには惚れ惚れしました。

これにより〝カルトエンターテイメント〟のカルト性よりもエンターテイメント性の比重を多くし、海獣シアターも社員を抱え、コンスタントに途切れないように映画制作をする時期がやって来ました。

火の車となる映画製作

自主映画にしては大きな規模で制作した『ヴィタール』の回収が難しく、『悪夢探偵』シリーズは、ゼロ年代に素晴らしい足跡を残したムービーアイ・エンターテイメントという会社にお金を出してもらっています。これまでは、「依頼を受けた作品はお金を出していただき、自分の企画は自主映画で」というスタイルだったのが、「自分の企画でお金を出してもらった」最初の映画になります。これもひとつの達成でありました。それまでは、作った映画が当たれば次は大きな規模で臨め、当たらなければ小さくなります。各々の規模を見ると、前の作品が当たったのか当たらなかったのかが分かる、本当にシンプルな映画制作なんですよ。僕の自主映画では、元の制作費が概ね取り戻せる、というのが成功を表す指標なので、いわゆる大作映画はなかなか作る機会がありません。

『悪夢探偵』ではやはり一部、プロのスタッフが入って戸惑いを隠せない面もあったかと思いますが、成長したスタッフは見事にプロの手腕でこなしてくれました。しかし、この方法ですと、映画を作っている間はスタッフ全員が何とか生活できていても、作り終えたときにあまりお金が残っていません。自転車操業で次から次へと映画を作らなければならず、火の車のようになります。

時期的に母の具合も悪くなったころで、本来なら作品数が減ってもよいはずなのに、スタッフの生活の心配もあり、作品はむしろ増えていったのでした。いつももっとも時間をかける脚本作りと編集作業は分業制になりましたが、僕の考えに耳を傾け、必死に形にしようと頑張ってくれたスタッフには、またいつもとは別の感謝があります。

「いつかアメリカ版の『鉄男』を！」と思っていた『鉄男 THE BULLET MAN』は、アメリカで作るどころか、昔ながらの自主映画の体制を選択しました。

お金は残っていませんでしたが、立ち上げの際には好き勝手に始めることを選んだので、最小限の海獣シアターのプロスタッフと、多くのボランティアさんに集まってもらいました。

それまでの『鉄男』シリーズがそうであったように、途中から大きな会社に参入していただきました。アスミックエースが共同出資をコーディネートしてくださり、完成に漕ぎ着けます。しかし、本作の製作費回収は難しく、とうとうコンスタントに参加してくれていたスタッフを解散しなければならなくなりました。

海獣シアターのルール

大きな場所に移ろうとしつつ引越しのタイミングを逸してきた海獣シアターですが、逆に小さな場所に移るべく断捨離を始めます。母も亡くなり、子供も成長して手が離れ、制作スタイルも『悪夢探偵』の前に戻し、自分の資質を見極めてひとりでコツコツとやっていく体制に戻ります。特に一番時間のかかる脚本作りと編集は、また最初の一筆から感触を探っていく形に戻りました。

そうして、小さな映画『ＫＯＴＯＫＯ』と、本来なら超大作になるはずだった『野

火』を、立ち上げから仕上げまでひとりで延々と手がけるやり方で、最小の海獣スタッフに撮影のときだけ集まってもらい、ほとんどボランティアさんの協力で作ったわけです。
　僕の映画で育ったスタッフはお金のことをとやかくいう人はいませんでしたが、海獣シアターのルールとして、一度プロと決めた人をボランティアでお願いすることはできないんですね。そのやり方は、基本的に『斬、』に至るまで変わっていません。今後もそうでしょう。
　実は、ボランティアスタッフさんにもビデオ化権などの二次利用が決まった時点でお礼をしています。これは最初に約束をしませんが、海獣シアターが製作の映画は、次の作品への足がかりとなる分だけを残し、か

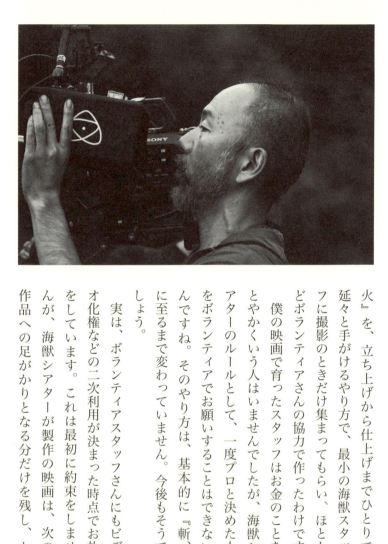

ならずそうしています。最初の『鉄男』から、解散のきっかけとなる『鉄男THE BULLET MAN』も然りで、大切な自主企画をものすごく頑張ってくれたスタッフですから、お礼がどれくらいできるか考えるのも楽しみのひとつなんです。

そうは言っても海獣シアターが潰れないようにしなければなりません。ボランティアさんには最後にお支払いするので、海獣シアターも途中でお金がなくなる危険を回避でき、純粋に頑張ってくれた人たちに多く配分がいくように調整することもできます。とはいえ、これも労力に見合ったものにはなかなかなりませんが……。

経験者の俳優さんはもちろんですが、プロとして迎えるスタッフには最初にお礼の額を呈示します。それまでの経験を重ねた、実力ありきのスタッフへの対価ですので、金額をきちんとお伝えし、納得してもらってから撮影を始めます。

話をボランティアスタッフさんに戻すと、お礼を最後にすることは最初に言いませんので、よく「交通費くらいは出るんですか？」と聞かれます。ボランティアさんには交通費は出ません。交通費こそ出せません。交通費を出せるのは、一回でも海獣シアターのやり方を経験したプロの人たちだけになります。

これは初期のころ、お金がないのに間違ったところでお金を使いすぎ、外部の人からお叱りを受ける形でアドバイスを受け、なるほどと思ったことでした。

最後に僕個人に関して言いますと、外部からの発注で作った映画にはプロデューサーもつけるので、監督と脚本のギャランティを設定してもらいますが、自主映画では、主に出演やナレーションと単身で稼いだ分をあてがうようにしています。

映画で稼いだ金額は、そのまま次の映画の制作費になります。もちろん海獣シアターという会社から給料をもらう形でやってるので、出どころは一緒ですが、僕の給料が、僕個人で稼いだお金より高くなることはありません。稼いだ大半のお金は映画制作に注がれていきます。個人のお金で一から始まる作品も少なくないですけど、その場合も、給料はそれ以降の個人の仕事の報酬を超えないようにしているので、すべては映画制作を優先した経理になっています。家族に大きな迷惑をかけないようやりくりするのも、僕にとっては大事な冒険と言えます。毎回少しずつ方法は変わりますが、こうして海獣シアターなりの筋の通し方で映画を作っていくことになります。

ボランティアとして参加してくれたスタッフで、今は映画界で活躍しているスタッフが何人もいます。巣立っていった愛すべきスタッフがまだ僕の映画を手伝ってくれている夢をときどき見ます。目が覚めると、寂しくもあるけれど、とても嬉しい感情が溢れてきます。

第5章
宣伝監督
映画を観客のもとに届ける冒険

自主配給の苦労

今まで、完全な自主宣伝配給をしたのは実は2回だけです。最初の『鉄男』と『野火』。『鉄男II BODY HAMMER』と『東京フィスト』は海獣シアター配給ですが、F2株式会社の強力なお力添えがありました。これ以外はプロの配給会社にお願いしています。

フィルムを映画館に行き渡らせていく配給、映画を世の中に知らしめていく宣伝はともに簡単にできる仕事ではないですからね。

配給は劇場をブッキングし、効率よくお客さんに観てもらうために様々なことをします。パンフレットや物販も配給が大体の場合、請け負います。上映館が多くなるとすごく大変なんですが、『鉄男』のときは館数が少なかったのと、『鉄男』を気に入ってくれた協力者が現れて手を差し伸べてくださったので、何とかやれたのだと思っています。

当時は今みたいにDCP（デジタルシネマパッケージ）というデジタルの上映素材ではなくフィルムでの上映でした。いっぺんにいろいろな劇場で上映するには、フィルムをたくさんプリントする必要があったんです。でもフィルムをプリントするのはとてもお金がかかりますから、たくさんは用意できません。だからまず東京で上映して、終わったらそのフィルムを地方に持って行き、順番に上映していくことになります。地方のブッキングは東京の上映の集客状況で決まっていくので、東京をまず成功させなきゃいけないという時代でした。

自主映画をヒットさせる奇策

『鉄男』の封切り時、首都圏の映画館に足を運ぶ人は、公開スケジュールや上映時間を週刊の情報誌『ぴあ』でチェックするのが一般的だったんですよね。『ぴあ』にはロードショー映画の情報ページのほかに自主映画ページがあり、何とか『鉄男』を、自主映画作品ではなくロードショー映画として認知してもらいたかったので、まずは先ほどお話しした〝中野武蔵野ホール〟という劇場に上映をお願いしに行きました。

中野武蔵野ホールは小さい劇場ながらロードショー館でしたので、そこで上映されれば正式に劇場公開扱いになり、『ぴあ』のロードショーページにも載るわけです。

かつて『追悼のざわめき』（88／監督：松井良彦）などの個性の強いインディーズ作品も上映していたので、自分の映画も上映の可能性を探れるのではないかと思いました。そこで支配人の細谷隆広さんに映画を観ていただいたところ、首尾よく公開されることに！　試写は昭和天皇崩御の日で、ほとんどの店舗が営業を休止していたので、休館の映画館で上映してもらったんです。自分の映画は、平成の幕開けとともに始まっているんですね。

細谷さんには上映の時間帯についてもお願いをしました。昼の時間帯に何回も上映すると、いくら小さな劇場でもお客さんがスカスカになってすぐに打ち切りになってしまうと思ったので、レイトショーで1日1回、長い期間かけてもらえるようにしたんです。そうすることで、「『ぴあ』のロードショー欄にはいつも載っている映画」というふうに、『鉄男』を読者に印象づけたかったんですね。

宣伝ポスターは、二次利用権をお渡しすることで仕上げ費をジャパンホームビデオに出してもらいましたが、ビデオ発売用のポスターを早いタイミングで刷っていただき、そのビデオ告知の上から〝上映告知〟のシールを貼って対応しました。

ポスターは人の集まりそうなあちこちに、自分で行って頼んでは貼ってもらいました。例えば今でもよく新宿歌舞伎町のゴールデン街に、様々なポスターが貼ってありますよね。ああいった感じです。お店に映画のチケットを2枚くらい渡して貼ってもらうんですが、自主映画界にはそうやって宣伝活動をしていた先輩方はけっこういたと思います。

宣伝監督

公開してからは、毎日の集客数を劇場に聞いていました。「今日は何人だったよ」「今日はいっぱいだったよ」「まだ一週間しか経ってないのに今日はもう20人くらいに落ち込んでたよ」といった具合に教えてもらい、一喜一憂しながら作戦を立てたわけです。

何とかしなきゃなと思っていたちょうどそのときに、日本テレビの深夜のワイドショー番組『11PM』から、ローマで賞を受賞した映画監督ということで取り上げたいとの出演依頼がありました。「もちろん行きます」と言って、これ幸いと番組に出て『鉄男』の映像を流してお話したら、次の日の動員がグッと上がりました。

監督という立場での出演ですが、心は宣伝塔です。人見知りの僕が人前に出て頑張れるのはこういう「自分の映画を多くの人に観てもらうため」という目的意識のはっきりしたときに限られます。動員の様子を見て、何とか数が下がらないように手を尽くしていました。

集客は成功し、最終日には普段夜一回の上映を2回にしました。最終日はだいたいお客さんがたくさん来てしまうのですが、2回も回すのは珍しく、そうした情報がひとり歩きして話題になり、業界紙にも取り上げられて興行の成功を告げてくれました。

大きな劇場で上映していたら大したこともなかったのですが、小さな劇場だったのでお客さんがいつもいっぱい、というイメージで見てもらうことができました。お金をかけた宣伝はしませんでしたが、当時の若者文化の一現象として捉えるメディアも出てきたりして、映画そのものも多く取り上げられ、おかげで情報は地方にも広がっていきました。東京のあと、地方上映もあちこちと地道に回った記憶があります。

『鉄男』以降、宣伝はプロの会社に頼みましたが、自主映画でも大きな規模の映画でも宣伝には必ず関わらせてもらっています。まあ、〝関わる〟と言っても主に、ポスターなどのビジュアル面だけですが。

ビジュアルにはどうしても強いこだわりがあります。それが、大きな会社と制作したり、宣伝をお願いするときの条件にもなります。ただし自分で強引に進めることはもちろんありません。僕のほうからキーとなるビジュアルを提案する場合もありますが、デザイナーさんの考えた案に意見を言わせていただき、宣伝会社が選んだいくつかの案に対して最終決定する際に関わらせてもらうだけです。これは契約書上の約束を交わしていないときであっても、いつも自然にそうなります。

『六月の蛇』のピンクチラシ作戦

毎回、どの作品も本ポスターはもちろん必ず作るのですが、『六月の蛇』では有楽町の駅前にあった劇場用に特別なチラシを用意しました。今は駅前はすっきりして綺麗になりましたが、そのころは猥雑な様子で、その街角がなくなってしまうのがとても惜しかったので、風景への鎮魂歌のつもりで作ったのが、公衆電話ボックスによく貼ってあったピンクチラシです。

名刺大の紙に、文字通りピンクのインクで「貞淑な美貌の人妻りん子。自慰。盗撮。覗き。脅迫……。ある日、それは始まった。ストーカーの言うままに、りん子は超ミニスカートで歩く。ベネチア映画祭受賞　官能のエロス大作『六月の蛇』待ってるわ……」とヒロインの自慰行為のシーンが刷り込んであります。それをゲリラで有楽町の駅前の公衆電話ボックスに貼っていったのです。ポスター、チラシ、パンフレットなども面白いものを一緒に作ってくれる元ゼアリズ・エンタープライズという配給宣伝の会社の協力で、こういうときにも一緒になって遊んでくれました。

有楽町の映画館はエレベーターがなかったのですが、それをものともせずに昼は歩くのも大儀そうな年配の方が手すりを摑んでそこまで昇って来てくださいました。一方、夜は夜で映画館に若い人が押し寄せて満杯になりました。

SNSの効用

自主宣伝配給は『鉄男』のあと、『野火』までありませんが、ポスターなどのビジュアルをどういうコンセプトで進めていくのかという宣伝以外の難しい仕事は、ずーっとプロの配給宣伝にお任せしていました。

『野火』上映の折に「自主配給宣伝で行こう」と具体的に決心したのは、SNSの登場によってです。

SNSを活用するようになったのは『KOTOKO』のときでした。すでに広く活用されていることは知っていましたが、実は僕、SNSというものに猜疑心というか、食わず嫌い的なものが強くあって、尻込みしていたんですね。

『KOTOKO』の配給宣伝をどうしていこうかと考えているときに、宣伝担当の人から「塚本さん、SNSをやってください」と強く言われたんです。仕方がないから最初は、公式ツイッターに時々僕が入って、最後に〝塚本〟と記名して呟く程度にしてもらおうと思っていたんです。

映画を宣伝するからといって、自分のことをつぶやくのってちょっと自画自賛みたいでかっこ悪いと感じていましたし、元々引っ込み思案なのに、日常的に人前に出ているようなノリになれる自信がなかったんです。

でもこの時代、やらなきゃしょうがないということで、アカウントを開設して始めることにしました。

初めは、ぽつぽつ呟くものなんだか独り言っぽくて張り合いがないなあ、と思って夜寝るときにあるボタンを押したら、自分をフォローしてくれている人からのメッセージがたくさん入っていてビックリしました。電脳都市を巡る血流のように感じて、「おおっ！」と座り直したのですが、残念ながらすぐには使い方が分かりません。教えてもらえる人がいなかったので、長いお付き合いの大根仁監督のツイッターをフォローし、ダイレクトメッセージで「どうやるんですか？」と聞きましたら、「ツイッターは千本ノックです！」とアドバイスしてくれました。そして「塚本さんの映画が好きで発信してくる人には全部打ち返してください！」と。さすがに全部は無理でしたが、同じ質問が複数来ていたらひとりひとりの人にお返しするとか、同時に多くの方々が見ることを考えて発信していくようになりました。

SNSの奥にある大きな世界

僕の小さな映画を宣伝するわけですから、自分で言うのはかっこ悪いとか言っている暇はなくなってきます。大きな映画でしたら、会社が計画して宣伝してくれたものを補うように語ればいいのでしょうが、小さい映画ではそのSNSこそが大事な発信源のひとつになります。「これ、つまらないものですけど、お口に合いますかどうか……」と謙遜するより、外国人のように「これむっちゃ、美味いんでぜひ食べてください！」という感覚にならないとダメだと思いました。

やってみたら今まで知らなかった世界が浮上してきたみたいに、水面下にどデカい世界があることに気づくわけです。そしてそれは水面下などではなく、今まで知らなかった〝もうひとつの大きな世界〟であると分かってきました。少し恐れていた匿名の人から届くメッセージもきちんとしていることのほうが圧倒的に多く、励みにもなります。何よりも『野火』のときに集まったボランティアさんは、ほぼ全員SNSで集まってくれた人たちだったんです。漠然と不特定多数に向けたメディアよりも、自分に少しでも興味を持ってくれた人への発信になるので、ダイレクトにメッセージが届くんですよね。

戦後70年『野火』上映への執念

『野火』は、蓋を開けてみないと興行的にどういう結果になるか読めない非常に不安定な映画だと感じたので、自分で手塩にかけて配給宣伝をやっていかなければ、と思いました。通常のやり方でやったのでは、パッと一瞬で終わってしまう心配があったんです。あと、お金の事情もありました。宣伝費をいくら絞ってもらっても、それが常識の範囲である限り、宣伝費さえ回収できなくなったときにいよいよ絶望的な危機が来ることは察知していましたからね。できるだけ宣伝費を使わないで、何とか配給費も抑えていく必要性を、痛いほど自覚していました。

戦後70年のこの時期に上映しなければ、という強い気持ちがあるばかりで、テーマ的にも作品の内容的にも、皆さんに受け入れてもらえるかまったく分からない中を闇雲に走っていたところ、ヴェネチア映画祭のメインコンペに選ばれるという吉報が舞い込み、その準備も一人でやっていたら、とうとうパソコンを打つ指が動かなくなってしまいまして、見かねたNさんという本来はライターの仕事をしている方が協力を名乗り出てくださいました。

Nさんは映画業界にもかなり精通しており、また、ご自身で今の日本の映画界に疑問を抱いたりするところもあったようで、自主配給宣伝を通してその疑問を明らかにしていこうとの気持ちもあったのではないかと思います。そういうNさんの意見と、僕も自分の映画の宣伝には少なからず関わってきたので、双方の経験を合体させながら配給宣伝をやっていくことになりました。

ほかには『野火』のボランティアをやってくれた人が数名、配給がどういうものなのかに興味を持って集まってくれました。みんな、かなりの手探り状態だったのですが、最終的には相当なところまでやってくれました。

新聞広告、テレビ広告は打てないので、お金をかけずに少しでも多くのニュース記事として取り上げてもらうのが重要でした。が、『野火』を制作している最中でさえ、世の中が戦争へ向かう危機感に対し、大きな動きが起こる気配はありませんでした。

下手をしたら箸にも棒にもかからないまま、こんな小さな映画の存在などまったくおかまいなしに、世の中は大きく負の方向に動き出してしまうかもしれないと危惧しました。しかしながら、戦後70年という節目になると、「どうもおかしい」と現状に危機感を強く感じる人々が増えてきて、多くのメディアが『野火』を取り上げてくれるようになったのです。

特定の思想を押しつけるプロパガンダ映画ではなく、あくまでも大岡昇平さんの素晴らしい原作を基にした、政治的思想や宗教色のないフラットな作品ですので、偏りなくどこの新聞も載せてくれる形になり、かなり多くの人に知ってもらうことができました。

ミニシアターの熱い支援

配給のほうは、ミニシアターの方々と手を組んで全国各地で上映していただきました。もともとシネコンで上映するタイプの映画ではありませんでしたが、最初はミニシアターでも上映を尻込みするところが多いかも知れないと思っていたので、次々と手を挙げてくださったときは、とてもありがたく嬉しかったです。ちなみにシネコンでもミニシアターと同じように、小さくて個性的な作品を面倒見てくださる劇場さんが存在することを付け加えておきます。

全国のミニシアターの方々が情報交換するために年にいっぺん集まる会があるんですね。〝全国コミュニティシネマ会議〟と言うんですが、それがたまたま、2014年は東京で開催されたんです。行ってみたら、ヴェネチア国際映画祭で『野火』がすでに上映されていたこともあって、「やりましょう！」と手を挙げてくださる映画館がその日のうちに何館もありました。大きな収穫と思いつつ、あともう少し、「全部で10数館から20館お願いできれば充分かな」と考えていたんですね。僕らにはそれくらいの規模に対応する体力しかないですし。

ところが釜山国際映画祭に行ったとき、名古屋の老舗ミニシアター、シネマスコーレの支配人・木全純治さんがいらしていて、『野火』を観てくださって、「これはウチでぜひやります」と言ってくださった。それは嬉しかったのですが、さらに「ミニシアターは、ざっと数えても40館あるから、40館からまずやらなきゃダメですよ」とおっしゃったんです。最初それを聞いたときはNさんも僕も尻込みしたんですね。「いやいや、そんなに多いんですか」と。しかし知ってしまった以上は追求しなければなりません。そうして手を尽くしているうちに、初日までに40館で上映することが決まったんです。

『鉄男』とは違って、今度は最初から40館。DCPってフィルムに比べれば安いんですけど、それでも僕らにしてみれば2本も3本も作れるような感じではないくらいに高いんです。だから最初は1本だけ用意して、一回一回返してもらわず、映画館から映画館に届けてもらうようにしたんです。届ける際にはちゃんと回覧板も入れて、次はどこの映画館に何日までに届ければいいのかが分かるようにしました。

ところが途中まで回したところで、DCPの音響に不備があるのが見つかり、回収を余儀なくされたんです。ギリギリでやっていたので、全部もう一回やり直すと間に合わない……と愕然としました。結局、DCPを制作してくれた会社がレンタルで複数本工面してくれて、何とか間に合わせることができました。

プロの方に配給を頼むと、綺麗な設計図をまず最初に作るので、これはここまでやればいいという目安が立ちますし、そういう作業は本来好きだったのですけど、『野火』の配給の場合はそれを落ち着いて話すゆとりもなくなだれ込んでしまったので、随分混乱したことは確かです。

映画館さんの中にも、「一体どうなってるの?」という気持ちの方もいらしたと思いますが、失礼にならないようにスタッフみんな、素人ながら丁寧に対応してくれたので、先方も一生懸命面倒を見てくださったところがあったはずです。

僕も最初、すべての映画館さんに「よろしくお願いします」と電話をかけ、連絡のつかないところはファックスとメールでご挨拶をしました。作った本人が直接お頼みすると、やっぱりちょっと親近感を持っていただけたところもあった気がしますね。

すべての上映館の舞台挨拶に行く

最初に上映を決めてくださった40館は、すべて舞台挨拶にうかがいました。すべて、というのはNさんの発案で、「監督が行けば絶対喜んでもらえる」と太鼓判を押してくれたのですが、僕は「いや〜、さすがに全部はちょっと」と最初は躊躇《ちゅうちょ》していました。もちろん、僕自身もなるべく多くの劇場に行きたい気持ちはあったんです。戦後70年という重要な節目を迎えて、この映画がどう観客の皆さんの眼に映るのかを知るためにも、「劇場に足を運んでくださった方々の顔が見たい」というのがありましたから。また、この映画がどんな映画として仕上がったのかが自分でもわからなくて不安もあったんです。その意味でも皆さんの顔を直に見てみたかったんですね。ただ、さすがに40館全部に行くとは思っていなかったものですから。実際、来てもらっても困る……という映画館もあったと思いますし。

過酷だった『野火』の映画祭までの日々のあと、すぐに始まったマーティン・スコセッシ監督の『沈黙-サイレンス-』への出演。その大変な撮影が終わったばかりのヘロヘロの体《てい》で少し気が遠くなりかけましたが、せっかくの機会だから、〝やってみよう〟という気持ちになっていきました。

「ゲスト気分で行くのではなく、迷惑を顧みずに行く、これは〝押しかけ〟なんだ」と自分を奮い立たせ、40館全部を訪ねることにしました。

自分の劇場を持つことへの憧れ

『野火』の公開時に全国行脚へ行ったら、ミニシアターがいかに魅力的かを身をもって知りました。支配人さんが違えば映画館一館一館の趣も違うんです。古い建物を改造した映画館、古いまま使っている映画館、個性的な新しい映画館……憧れの世界だったんですよね。若いころに、「自分で小さな劇場を持ちたい」という気持ちがちょっとあったものですから、そういう願望がまたムズムズと湧いちゃったりして、困りました。

劇場を持つ夢を諦めたのは、ある経験がきっかけでした。

10代の一番終わりに撮った8ミリ映画『蓮の花飛べ』(79)は、10代を締めくくる、世の中に飛び出していく足掛かりになるものにしようと思っていたんです。テント劇場を作って、この映画をあちこちで上映して回るぞ、と計画しました。映画作りと劇場運営、両方やるという夢にそのときは満ち満ちていました。

〝秘密基地〟と言われる小さな空間が大好きなものですから、そういった秘密基地的な劇場を作って、そこで自分の映画を上映してお客さんに観てもらうというようなことに、異様な蠱惑を感じていたんですね。けれども実際にやってみると、両方に手が及ばなくなってしまいました。映画の完成が遅れて、上映の日になってもまだ作っているわけです。上映開始時間に上映場所となる公園に駆けつけて、お客さんが集まっちゃっている中に、「すみません」と言いながらハアハアとテントを建てる有様でした。待っていてもらったお客さんに、大きな不信感を与えてしまいましたね。

また、別の神社で上映したときは雨が降っていたんです。僕の〝劇場〟はブルーシートで作ったボロテントなので、雨の重さで天井が沈んできてスクリーンがだんだん見えなくなってしまったんです。お客さんも画面が見えないものだから姿勢がだんだん傾《かし》いでいって、ついに見かねたお客さんのひとりが手で天井を上げて支えとなってくれました。もっとも、その人は僕の友人だったんですけどね。

映画自体も完成度が出るように頑張ったのですが、皆の心を捉えることはできなかったようで、テント劇場ともども、両方失敗に終わってしまいました。

この決定的な経験により、映画制作と劇場作りは両立できない、それ以前にまず映画がちゃんとしたものになるよう注力しろ、と自分に言い聞かせるようになりました。10代より先の未来を考えていなかったので、20歳でけじめをつけようと決心していた10代の最後は、無残にも失意とともに終わりました。大人になってからいろいろなことに慎重になるのは、こういう若いときの失敗から来るものばかりです。『野火』で全国のミニシアターを中心に数々の劇場を回って、自分の秘密基地願望や建築への興味に火がつくような瞬間もありましたが、皆さんの大変な仕事ぶりを見ていると、やはり自分は映画作りのほうに専念しようと思うのでした。

熱中していた演劇は、もともと決められたステージの上でやることに関心がなかったので、様々な材料で手作りの劇場を作りました。『蓮の花飛べ』と同じような失敗もあったのですが、演劇自体が「独特な空間があってのもの」だったので、演技だけに注力しよう、とは反省せず、いつまでも劇場作りを模索していました。

映画の場合はもはや、手作り劇場のことは考えないようにしているのですが、実は黙っていると自然と頭の中でぼんやりと考えていたりして、それが休憩タイムの楽しみだったりしています。

『野火』での配給宣伝の仕事は、初め手探りだったスタッフも、劇場とのやりとりやポスター、チラシ配りもかなり精密に進めてくれて、最後はとても素晴らしい領域に達することができました。

成果も大きな感謝に値するもので、手伝ってくれた彼ら彼女らに足を向けて寝られません。

映画作りのほうはどんなに大変でもやり方を変えることはないのですけど、配給宣伝に関わってくれた皆さんに対しては、ありがたさとともに申し訳なさのほうが勝ってしまって。素人がやるにはあまりに過酷なので、これからは「何かやり方を考えなければ……」と思うのでした。

第6章
時代を映す映画のテーマ

自らのテーマに開眼「都市と人間」

「都市と人間」――。30代の自分の映画のテーマであり、その後も形を変えながらずっと続いているテーマでもあります。が、最初は意識的に決めたわけではないんです。『鉄男』も『鉄男II BODY HAMMER』も思いの丈だけで作ったものなので。『鉄男II~』で初めて海外に行くようになって、映画祭でインタビューしてくれた評論家の方々が「あなたの映画はテクノロジーと人間生活、都市と人間の関わりを描いていますね」と意味づけしてくれたんですね。それまで僕はどちらかというと、自分の世代に時代的なテーマがないことがコンプレックスであり、また、「テーマがないこと」もうまく使えば武器になるかも……と捉えていたんです。特質がないのでどこにでも足枷なく行くことができる、という武器ですね。でもはからずも海外で意味づけをされ、「そうか、自分の映画にもテーマがあるんだ。そういうことがテーマでもいいんだ」と目を開かせてもらって、テーマがなくてもよかったけど、あるならあるでラッキー、と思いました。それも海外に行くようになって得た大きな収穫です。

サイバーパンクと『鉄男』

『鉄男』を作っている途中で、「どうやらこの映画はサイバーパンクという分野に属するらしいよ」と知人から聞きました。このキーワードを耳にしたことがなかったのでさっそく調べたら、なるほど確かに『鉄男』はけっこうサイバーパンクの概念に当てはまる作品でした。

興味を持ったカルチャー誌やアンダーグラウンドな書籍、自分の実感にぴったりくる要素を拾い集めて『鉄男』にしたのですが、その断片が皆、サイバーパンク的なるものと共通していました。まだ名前が与えられないまま水面下で渦巻いていたものを、「これはいい感触だな」と思って1本の映画に仕立てたので、サイバーパンクという最適な言葉が見つかって、ホッとしました。宣伝的にも『鉄男』を説明しやすくなり、積極的に活用させてもらいました。

サイバーパンクというと押井守監督の電脳的な世界観、脳にネットワーク端末を埋め込んで通電するようなイメージがありますけど、自分が水面下で刈り取ってきたのは、肉体と金属のフェティッシュな関係性のほうでした。人間の肉体をより魅力的に見せるため、硬質の物体と接触させるというフェティシズム。どちらかと言うとエロティシズムから発想が始まっています。電気は生命の源のように関与していますが、これは鉄に生命を呼び覚まさせる雷撃的なイメージです。

では、サイバーパンクとはどういう定義なのかというと、当時もきちんと答えられる人はあまりいなかったように思います。でも自分には強い実感がありました。

それまでのＳＦでの肉体改造と言えば、例えば石森（現・石ノ森）章太郎さんの古典的な傑作コミック『サイボーグ００９』では脳味噌は人間のまま、体に機械をくっつけて人間の意識を持ったロボットとして生まれ変わるというものでした。でもサイバーパンクは、肉体と金属が互いに溶け合ってしまうイメージで、もっと言えば脳自体が金属的なものに変わってしまうヴィジョンの具現化だったんです。

金属と人間が融合する電脳都市

楳図かずおさんの『わたしは真悟』という僕の大好きな漫画では、工業機械が雷に打たれて意識を持ち始めます。デヴィッド・クローネンバーグ監督の『ヴィデオドローム』では、金属と人間が有機的にドロドロに溶け合っているイメージが多々登場しますし、リドリー・スコット監督の『エイリアン』では、H・R・ギーガーがデザインした怪物にそのイメージがありました。それは、人間の生活とテクノロジーがより混ざり合ってしまっている現代をシンボライズしていると言えます。

小説でたどれば、『ブレードランナー』の原作でフィリップ・K・ディックの『アンドロイドは電気羊の夢を見るか？』は、まさにサイバーパンク的と言える名篇ですが、当時はまだその言葉は生まれておらず、後にウィリアム・ギブソンの『ニューロマンサー』など若い世代の作家が書いたものがサイバーパンク小説と呼ばれるようになりました。

フィリップ・K・ディックとなると雲の上の存在に感じますが、ウィリアム・ギブソンは僕より年上でありながら世代としては近い感じがありましたね。お会いしたことはないんですけど、部屋に『鉄男Ⅱ～』のポスターを貼ってくれたりしていましたから。

リドリー・スコット監督が『エイリアン』の次に作った『ブレードランナー』は、サイバーパンクの金字塔のような作品になりました。あの映画ではサイボーグという言葉の代わりに〝レプリカント〟という言葉を使っているのですが、レプリカントがあまりに緻密なロボットゆえに、ある瞬間から人間の精神が宿ってしまいます。いくらロボットを複雑にしたところでそこに精神が宿る、という一歩を踏み出すことは現実世界ではないのですが、レプリカントの命の不思議を見つめることで、人間の命というものをあらためて考えさせてくれる大切な映画です。

電脳都市サイバーパンクシティの代表的な場所のイメージは日本の都市でした。ウィリアム・ギブソンの小説に出てくるチバ・シティしかり、『ブレードランナー』に出てくる酸性雨にけぶるネオン街しかり。海外の映画祭に行って東京に帰ってくると、それまで当たり前に暮らしていた東京が、超巨大なコンクリートジャングルであり、複雑に入り組んだ電脳都市であることを思い知らされ、そこに住んでいるというだけで事件の渦中にいるような興奮を覚えました。そして、自分の映画のテーマがますますはっきりとした形になっていくのを感じたのです。

受け継がれるサイバーパンクの精神

『鉄男』を作っているときに生まれ、完成するときにはすでに廃れしてしまったサイバーパンクという言葉ですが、廃れてしまったのは言葉だけで、その精神は今も存在するものなんですよね。『鉄男Ⅱ〜』で海外を回っているときは、評論家や専門家がシンポジウムなどでしきりにサイバーパンクについてディスカッションしていました。テクノロジーと人間性が混ざり合っているグチュグチュ感は現在、さらに強くなっています。

また、もうひとつ、廃墟のイメージがサイバーパンクにはありました。大友克洋さんの世界的なコミック『AKIRA』や僕のちっぽけな『電柱小僧の冒険』でも近未来に核戦争が起きて世界が崩壊します。「人類滅亡か？」と思うと、金属と同化したような輩がやたら勢いよく暴走しています。その崩壊した都市が再建を始める。再建している途中は未来なのに、一種過去のものを見ているようなノスタルジーがある。〝懐かしい未来〟というキーワードもよく飛び交っていましたが、そういった感覚のことを指していたのではないかと解釈しています。

それまでは、メアリー・シェリーの有名なゴシック小説『フランケンシュタイン』みたいに、人間が作り出した怪物に、逆に人間が襲われるパターンがSFに多かったと思います。スタンリー・キューブリック監督の『2001年宇宙の旅』にしても、コンピュータに反逆されるシーンがありました。これに対してサイバーパンクは、人間がテクノロジーと合体して、雄叫びをあげて走っていくような勢いを感じます。

『鉄男』でもラスト、金属の化け物になった主人公が、世界を廃墟にすべく、元気に雄叫びをあげて爆進していきます。

大きくて優秀なお兄さん的存在の『AKIRA』と荒削りな小さな弟の『鉄男』は、大小の差はありますが、同時多発的に同じ親から生まれ、同じ時期に暴走します。自分の中では、本当のサイバーパンクの幕開けのように思っていました。

とはいえ、大友さん自らの手でアニメ映画化された『AKIRA』(88)は、最後にものすごい力で都市を崩壊させる映像が入りますが、『鉄男』は「世界中をサビ腐らせてやるー」と走っていくわりには、「一本の細い道をきちっと交通法規を守って走ってますね」と公開後ある人に耳打ちされまして。そのとき僕は「本当だ!」と初めて気づき、「絶対誰にも言わないでね」と耳打ちを返したのでした。

脳味噌だけが肥大化していく未来世界

当時、頭の中で自分が描いていた近未来のイメージは、蜂の巣の一つひとつの穴の中に人間の脳味噌だけがひとつずつ置いてあり、無限に広がっているような、どこに空があってどこに地下の果てがあるのか分からない世界でした。

脳ばかりが大きくなった人間のほとんどが本当の空を見たことがなく、人々は限定された人工的なブロックの中だけを動いて生活している。小さな箱から出ない脳が、電気の交信だけで複雑にコミュニケーションし合っているというイメージですね。そういう未来像を考えながら制作した『電柱小僧の冒険』、『鉄男』、『鉄男II』といった初期作品の映画では、近未来への警鐘の意味も裏テーマとしてありました。

あれからずいぶん経ちましたが、実際にそういう世界にかなり近づいていると言えるのではないでしょうか。

今のネット環境やらSNSやらはすごく整っていて、家から出ないまま電気の交信だけで周りの人と複雑なコミュニケーションをしています。

買い物も外に出ないままできてしまったり、エロ的な欲望もネットでセックスしている映像が見られちゃうので、昔のようにそういうもの見たさで右往左往することが少なくなってきているのではないでしょうか。

現代人の生活を俯瞰して見ると、電気で複雑に交信している蜂の巣の中の脳味噌にかなり近くなっている気がします。

ただし、SNSがよくないかというと、功罪はあるとは思うものの、功のほうがあまりに多いので否定的な気持ちには全然なれないです。シンプルで偏った情報だけが得られるのではなくて、ピックアップして取捨選択できるくらいの情報量が得られるのはやはりありがたいです。テクノロジーとのつき合い方はいつも人類の最大のテーマだと思います。

ネットサーフィンに熱中している自分の子供が、自然の環境が近くにある高校に通うようになりましたが、友達と森の中に入って迷ってしまって、命からがら森から出て来たなんて話を聞いたときには、心配しながらもすごく嬉しい気持ちになりました。実際の世の中が、まさにテクノロジーと人間性というテーマの世の中になってきましたが、サイバーパンクというキーワードは、「都市と人間」をテーマにした自分の最初のキーワードであります。

『東京フィスト』肉体の痛みによって生を実感する都会人

『鉄男』シリーズから数年経った35歳のとき、北京電影映画学校で日本映画の監督と電影映画学校の人たちとの親睦会みたいなことがあり、僕も連れていってもらったんです。若松孝二監督が人選をされたそうなんですが、僕以外の日本側の顔ぶれが、若松監督、深作欣二監督、崔洋一監督と壮観で、中国の方々の前でご自分の映画体験を話されました。

若松監督は、「俺が監督になったのは、映画の中で警察をぶっ殺したいからだ。現実世界ではできないから、映画の中でやってやるのさ」と言う具合で、電影映画学校の皆さんの顔が固まってしまうような迫力のあるシンポジウムでした。

僕より前の世代の監督たちは、時代との関わりにおいて、ご自分のテーマがはっきりとあるんです。深作監督は太平洋戦争下に育ったので映画に戦争の影があり、若松監督は常に権力への闘争の姿勢がみなぎっており、崔監督はアイデンティティーを巡る問題意識があって、存在意義と表現とが結びついていたんですね。

一方、僕には何も特筆すべきテーマがないと思っていたのですが、海外の映画祭に行って、都市と自分たち人間との関わりという身近なテーマに気づかせてもらったことを伝えました。

「都市と人間」については、テクノロジーと人間性、あるいはコンクリートジャングルと人間の肉体、みたいな構図にも置き換えられるんですけど、『鉄男II〜』以降は、意識的にそのテーマを見つめるようになりました。

次の『東京フィスト』は、繰り返しになりますが、保険の勧誘員という安全を売り物にしている主人公が、都市生活でもっとも危険な場所と言えるボクシングの世界にのめり込んでいく物語です。都市という安全が保障された空間にあって、四角いリングの上だけは肉体と肉体をぶつけ合い、そこでは人を殴っても、究極殺しても罪にならないというある意味特殊な場所です。

都市生活では死のイメージは忌み嫌われ、まるで仮想現実＝バーチャルリアリティの世界のようです。よく「夢なのか現実なのか」を確かめるときに自分の頬をつねる、と言いますが、この映画の主人公は、ボクシングのパンチをくらうことで現実感を取り戻していきます。都市というバーチャルリアリティさながらの空間で、痛みを通して自分の肉体が〝ある〟ことを確認し、生きている実感を取り戻していく物語にしたんです。

若者たちにリアルな恐怖を刻み込む『バレット・バレエ』

『東京フィスト』は前半期の、自分の代表作の一本だと思っているんですが、『バレット・バレエ』は、『東京フィスト』と同じく、中規模クラスの小気味のいい映画を連発しようと考えていたものの、なぜか公開まで5年もの歳月がかかってしまいました。

当時渋谷に、家では普通の子供なのに外に出るとものすごく暴力的な振る舞いをする〝チーマー〟と呼ばれる若者たちがいたので興味を持ったのが作品の出発点です。

僕も30代後半という中年期にさしかかって、そこで戦争体験のまったくない自分たちの世代が、さらに戦争をSFにしか感じない下の世代の若者たちと〝青白い冷たい抗争〟を繰り広げていくストーリーを思いつきました。そうして映画の最後に、かつて戦争を体験し、リアルな肉体の痛みを知っている世代の男が登場して、「君たち何つまらない遊びをしているの」と、本当の痛みと恐怖を分からせて去っていく……いわば、戦争体験のある世代を〝負の神々しさ〟で象徴させたわけなんですね。

そのあたりまでが都市と人間、テクノロジーと人間性を考え、現実が夢のように感じる『鉄男』発の、サイバーパンク的な発想の延長です。

「現実が夢のように感じる」というテーマは、初期中期の自分の作品を貫くもので、そのテーマをより明瞭にしたSFの構想もあったのですが、同じテーマで先んじて最大限花開いた、ウォシャウスキー兄弟（現・姉妹）監督の『マトリックス』（99）がのちに出て来て、ちょっと悔しいようなジェラシーを感じてしまいました。

〝都市〟からの解放

40代になって最初に作った『六月の蛇』は、冷たい都市生活の日々に肉体性をギュッと押さえつけられている女性、黒沢あすかさん演じる〝辰巳りん子〟が電話相談室という四角い箱の中で、声を通して都市の底から聞こえてくる悩みに応えていくうちに、ある事件が起こり、自分の中に本来あった野生を呼び覚ましていく物語です。

梅雨の季節の雨という自然がドラマの背景にいつもあり、肉体性を呼び覚ませることに大きく関わってきます。

それまでは都市を、登場人物を取り巻く全世界のように描いてきたのですが、次に作る『ヴィタール』くらいから、その向こう側にあるものを意識していきます。つまり、都市というものが、「大きな自然の中にあるコンクリート」の小さな船に過ぎないと、〝都市の外側〟に興味が移っていったのです。

映画は自分が考えていることを追いかけて、少し遅れて作られるので、30代の後半には、また冒険志向がムラムラと湧いてきて、自転車や原付バイクに乗っていろいろな場所を巡りたいとか、もっと広いところに行って自分の立っている場所を実感したいなどと、考えるようになっていくんですね。

都市から自然へ
『ヴィタール』から『野火』へ

医学校に入ると、2年生で必ず解剖の実習があり、検体されたご遺体を表面から細部まで数ヶ月かけて全部見て人間の体の構造を勉強し、医者になってからきちんと手術で活かせるようにしていくんですけど、『ヴィタール』ではそれをモチーフにして物語を組み立てました。交通事故で記憶を失った主人公役の浅野忠信さんが医大生になり、実習で自分の解剖台の上にやってきた恋人の遺体を際限なく見つめていきながら、次第に記憶を取り戻していくんです。

舞台は、従来と同じく完璧な都会です。「都会には自然がない」と言われますが、よく考えると、自分の肉体こそが大変な自然の本流なわけで、この映画では目の前に置かれた〝肉体という自然〟を際限なく見つめるうちに、肉体のトンネルをくぐりぬけて、巨大な自然の世界へとバーンと飛び抜けて行きます。

つまり、今までの閉塞感からくる、「都市と人間」に関するテーマは『ヴィタール』で終わり、もっと広い世界に旅立とうと、次に本当はやるべきと思ったのが『野火』だったんです。

『野火』の導入場面は、中年兵士の田村一等兵が広大な自然の風景を背に突っ立っているシーンなのですが、自分の中での連関としては、『ヴィタール』で浅野忠信さんが最後、都市から自然の世界へと飛び出すところで終わるので、『野火』では浅野さんが兵隊の格好をして、大自然の風景を見回してからゆっくり歩き始めるという地続きのイメージがありました。

ですが、自主制作ではとうてい実現不可能と思っていた『野火』には案の定、出資会社は見つからず、しかも同時期、母親が病気でどんどん弱っていったんですね。母とは強いへその緒のゴムみたいなもので繋がっていて、遠くに行けば行くほどゴムに強く引っ張られ、用が終わるとパチンと戻って来てしまうという感じで、また、奥さんと刻一刻と変化していく子供からも離れられる気がしなかったので、外に行きたい気持ちが内側に迷走し始め、『ヴィタール』で生まれたテーマに思考が向かっていきました。すなわち、「人の意識は肉体のどこにあるのだろう」だとか、「記憶や意識の不可思議さ」といった深層の領域に。

具体的な作品としては、記憶を失った男が極限の閉所を地獄巡りしてひとりの女と出会う『HAZE』（05）や、他人の夢に入る能力を持つ男を主人公にした『悪夢探偵』などが挙げられます。

それらが終わって、『鉄男 THE BULLET MAN』では人間とアンドロイドの子供が自分のルーツを探すという、のちの『ブレードランナー2049』（17／監督：ドゥニ・ヴィルヌーヴ）でも同じ設定が描かれた作品を経過して、『妖しき文豪怪談「葉桜と魔笛」』の仕上げ中に母親が亡くなりました。加えてだいぶ子供も大きくなり、またもう一度、自分が外の世界へと行けるようになってから、『KOTOKO』を経由してようやく、大自然に立つ『野火』につながっていったんです。

いつもこれまで、自分の情況と世の中の状況を見合わせながらテーマを選んできました。世の中のことだけでも、自分のことだけでもテーマにはなりません。どちらも実感がこもらないとダメなんです。そしてそこに「どうしてもやりたい！」という素材が合体してやっと、一本の映画の企画になる。それは、今後も変わらないと思います。

暴力の描写
ファンタジーからリアルなものへ

よく映画祭などで聞かれる質問に「あなたにとって暴力とは何ですか」というのがあります。これが実は、なかなか答えに悩む質問なんですね。

僕は10代のころ、アメリカン・ニューシネマに強い影響を受け、また漫画世代でもあったので、暴力的な表現をひとつのファンタジーとして長い間描いてきました。世の中が平和だったので、過激な表現は、人間の中にある暴力性や激しさを満足させる娯楽と思っていたのです。

また、ただ楽しむだけでなく、そういった表現を通して、世の中の暗部を知る機会にもなるのだと考えていました。

人には、暴力性というものは必ずあるので、それをあたかもないかのように偽善的な表現にすることには違和感を感じます。しかしながら、実際に世の中が暴力の方向に傾斜していると、暴力をファンタジー的な視点で見続けていくことに抵抗感が出てきます。

『ＫＯＴＯＫＯ』や『野火』、最新作の『斬、』では、暴力をファンタジーとしてではなく、本当におそろしいもの、本当に見るに堪えないものとして描いています。そんな暴力には近づきたくない、と観客の皆さんに痛感してもらうためです。

極限状態と集団心理のおそろしさ

『野火』みたいな極限の飢餓状態になったとき、絶対に人を食べないかと言われると、その状況になってみないと分からないと思います。実際にフィリピンのレイテ島に兵士として従軍された方に体験を聞いて、そう思うようになりました。

戦場で本当の飢餓状態になると、良心は消え失せて動物になる。敵だけではなく、友軍でも違う班の兵士は食べ物に見えたそうです。そこには神さえ存在することが困難だと、たやすく想像できます。

また日本での生活ではやさしい父親だった人が、戦場で、捕虜を銃剣で刺し殺すよう上官に命令され、やりたくはないけれども「やらなければ自分が殺される」と追い込まれ、相手を刺し貫いた瞬間、ドシンとした手応えと充実感があって、それからは人を殺すのが平気になって戦争で活躍するようになったという話も聞きました。

これも強烈だったのですが、『野火』の公開中に、雑誌の企画でドキュメンタリー映画『アクト・オブ・キリング』（12）、『ルック・オブ・サイレンス』（14）のジョシュア・オッペンハイマー監督と対談をしたんです。この2作は1965年に起きたインドネシアでの大量虐殺に迫ったもので、政変の際に〝共産主義者〟とレッテルを貼り、一般市民を巻き込んで殺戮が行われ、その犠牲者の数は100万人以上とも言われています。日本ではあまり報じられていない事件で、僕もこのドキュメンタリーで初めて知りました。

実行者は、インドネシアの軍ではなく民間のやくざや民兵たちで、例えば、Aという人を悪いと決めつけ、それが集団に伝染し、みんなが本当にAという人を殺してしまうわけです。戦慄すべき集団心理なのですが、社会の全体レベルがそこまで引き下がってくると、ごく普通の人がそうできるようになっていくんですね。

日本でもかつて、関東大震災のときに、あらぬ噂をバラまいて朝鮮の人たちを殺してしまいました。その感覚を僕はまったく理解できなかったのですけど、この集団心理が働いているとなれば分かります。長い間、隣人を露骨にヘイトする言動を発する人は〝少し変わった輩〟であったはずなのに、今では多数を占めています。

国のトップでもヘイトフルに、露悪的な発言をする人がいて、そういう発言を耳にすると、大震災であった虐殺も現実のことだったんだな、と容易に想像できるようになりました。

しかし人を殺した罪悪感は必ず残り続けるようで、『ルック・オブ・サイレンス』では大量虐殺の加害者は、目の前に現れた男が被害者の肉親だと知ると、動揺の揺らぎを見せます。そのとき大事なのは、正義という名の大義ではなくて、少しだけ高いところから自分を見つめている〝正気の目〟なのだと思います。

その正気の目がボカされつつある現代に不安を感じます。人間には暴力の怪物になる要素があるわけですから、人々がそうならないようにするのが大人の役割だとつくづく思うのです。しかし、世の中はだいぶ違う方向へ舵を取り始めています。

『野火』と『沈黙』

宗教心というと父方が浄土真宗で、高校時代の夏休みに父の郷里の福井に行ったときのことを思い出します。美術学科の油絵科だったので、祖父と祖母を描きに行ったんですね。描くのは午後、祖父母の負担にならない程度の時間をお願いしたのですが、祖母は午前中いっぱい大きな仏壇の前でずーっとお経を上げ、その信心の強さをヒシヒシと感じた覚えがあります。

僕の父親は、福井の土地を離れて上京し、それでのちに母と出会い、自分が生まれることになるわけですけど、父親は〝福井を離れた〟ということで、たまに帰郷すると近所からはちょっと厳しい目で見られていたようです。そんな父も自分が他界したときのために、お墓のことや塚本家が浄土真宗であることを自分たちに細々と書き残していましたが、それ以上は何も言いませんでした。

両親が亡くなった際には、父の気持ちを汲んで葬儀やお墓の選定などは細かく配慮しましたが、自分はというと、先祖を敬う気持ちはあるものの、祖母のような信心を持つ生き方はとても考えられません。

そんな僕がオーディションを経て、マーティン・スコセッシ監督の『沈黙 -サイレンス-』で〝隠れキリシタン〟のモキチを演じました。映画の公開後、劇中のモキチと僕をダブらせ、温かく接してくれる方がいらしたり、聖書を手にした方に「モキチさん」と感動して声をかけられることもありました。でも僕は、キリスト教の信者ではなく、〝映画監督マーティン・スコセッシ教〟の信者なだけなんです。スコセッシ監督のためなら危ない十字架の磔のシーンも厭いませんと、半ば殉教覚悟で現場に挑んだのでした。とはいえ、スコセッシ教はともかくも、モキチをきちんと演じるためには、その信心深さを自分の実感できる何かに置き換えなくてはなりません。頭にあったのは、『野火』を作ったときの、再び戦場に駆り出されていく次世代への激しい不安感です。たとえ無宗教ではあっても、そのことにだったら存分に祈る気持ちは起こる。そう思って演じていました。

『沈黙 -サイレンス-』の原作者、『沈黙』を書かれた遠藤周作さんは、母親がキリスト教に入信したことで教徒になるわけですが、どこかで神を受け入れられない心と、母への思慕の延長上で「キリスト教も大切にしなければ」という葛藤の中で生きてきたそうです。

一方のスコセッシ監督も子供のころ、神父を志していたけれども、自分のいる街は荒くれた環境で信仰の世界とはほど遠く、神を信じきれないジレンマがあった。つまり、ふたりはある意味、似ていたんです。『沈黙 -サイレンス-』という映画が広がりを持つ理由は、きっとそこなのだと思いました。キリスト教のみを信じる人たちが作った映画だと、僕たちにはおそらく遠いものになってしまっていた。信者だけでなく、裏切りや罪の意識に苛まれ、心迷える者も慮る、両方の気持ちが遠藤さんにもスコセッシ監督にもあったからこそ、自分たちにも深く届く映画ができたのでしょう。

遠藤さんは、宗教が身近でない人にも、自分の大事にしているもの、信じているものを理不尽な力で捻じ曲げられたらどうですか、と問うています。

自分の場合で言えば、映画を作りたい気持ちが、何かの強い力で押さえつけられたらどうですか……と、そんなふうに置き換えられます。その究極の形が戦争で、個人の自由の権利は奪われ、国というもののために死ななければならなくなる。遠藤さんはそういう事態も、大いに懸念していたんです。

『沈黙』は純文学ですが、純文学と大衆文学との中間に当たる『女の一生』という2部構成の小説があって読んでみたら、「1部」は長崎の宗教弾圧を描いていて、「2部」では原爆投下で終わる戦争の恐怖にも言及し、要は宗教でも戦時下でも、理不尽な弾圧を受けて苦しむ人たちの祈りは皆同じなのだというスタンスだったんです。なるほど、自分が『沈黙 -サイレンス-』のときに、戦争のことを考えながら祈ったというのは案外間違いではなく、通ずるものがあったんだなあと確認しました。

生き延びる者こそ真の強者

また、スコセッシ監督の『沈黙 -サイレンス-』は〝転ぶ〟、つまり棄教してしまう人間の弱さにも迫っていて、観る者を惹きつけます。キチジローにスコセッシ監督は共感し、自分を投影していると思いました。映画を観ている間は、キチジローは本当にいらつくような存在なんですけれど、でも僕も一番親近感を感じたのがキチジローでした。何か信じるもののために命を捨てる、という考えは僕にはないですから。どんな手を使ってでも生き延びることが第一義で、「生きていてこそ意味がある」のだと。

遠藤周作さんは、キチジローのことを「それが本来の人間ではないか」と受け入れ、あえて〝弱者〟と名付けて描いているんですよね。僕からすればむしろ、あれだけしぶとく生き続けているので〝強者〟としか思えなかったですけれども。

遠藤さんが小説『沈黙』を構想し始めたのは、長崎に行って踏み絵を実際に見たときに、当時のバテレンの、踏んだ足の指の跡がついていて、それが頭から離れなくなり、踏んでしまった弱者への共感を物語にしていったらしいんです。「弱者の声が聞きたかった」というのが大元のモチベーションだったんですね。キチジローを演じることができた窪塚洋介さんが羨ましいです。あの役は、俳優を生業にしている人にとっては、一生に一度あるかないかの最高に素晴らしい役ですからね。

同じ時期に『野火』と『沈黙 –サイレンス–』の2作に深く関われたことに何か必然的なものも感じます。原作がどちらも日本の文豪の代表作。そして、僕もスコセッシ監督も長年温めてきた企画だったんですね。作品のバジェットの差は極端すぎるほどで、巨匠と一緒にして語るにはあまりにおこがましいのですが。ただ、テーマ性にも類似するところがあって、それはいつの時代も、民衆というものは権力にひどい目に遭わされている、ということです。そういう時代に少しでも近づかないよう、自分たちは鋭くアンテナを立てていなければならないと思います。何十年も実現できなかった企画が、この時期に成立したのは、必要があってのことだと感じます。

精神はどこにあるのか？

子供のころ、人間の肉体にはどうして複雑な精神やキャラクターというものが入っているのか、ずーっと謎でした。

顕微鏡に乗せて見る小さな細胞の映像は、巨大な宇宙の銀河の映像とかなり似ています。

子供のころに、宇宙の広さを考えて、とりとめのない気持ちになることは誰にでもあるでしょう。どこまでが宇宙か、宇宙の外はどうなっているのか？　はたまた、宇宙と外の区別がなくてずっと続いているのならば、その果ては？　と、あまりに謎だらけでイヤになります。

こうして生きている現実の生活や、社会の成り立ちはものすごく確固としたものなのに、その外側があまりに非現実的で曖昧でとりとめがありません。自分の子供もかなり小さいころからそのことを話し始めました。

でも一方で、顕微鏡でいくら肉を細部まで覗き見ても、なぜそこに精神が宿るかは分からない。現に『ヴィタール』のために医学校の解剖実習を見学して、心臓や脳に立ち入って見ても分からなかったんです。すぐ手元のことがこんなに謎なのだから、宇宙の謎だって分からなくても不思議ではない、というある種の〝明るい諦観〟みたいなものが起こってきました。

脳の解剖を見せていただいたときには、精神そのものは見つからなくても、何かそう感じさせるものがちょっとでも見つからないかな、という期待があったんです。

実習が始まる前、解剖の先生に「人間の精神って肉体のどこに入っているんですか？」と訊くと、「昔はハート、胸のあたりにあると言われていましたけど、現在は脳にあると言われています」と返答され、解剖が脳に至ったときはここぞと目を凝らしました。

脳味噌の深部に何か地球の動きを感知するアンテナっぽいものでもあるのかなとか、

何かそういうことを感じるデリケートな部分があるのでは、と想像して見たわけです。でも脳をいくら切ってもそこにはただ普通の肉があるだけで、それらしきものはなかったものですから、ますます不可解だったんですね。

今新たに思うのは、生きている肉体と死んでしまった肉体は違うから、生きている人間は解剖しちゃいけませんけど、もしかしたらアンテナや、モヤモヤしたものがうっすら見えるんじゃないかと考えているんですけど……。そうでないと、あまりに不思議ですから……。

死を強く意識して生きる

普通、精神がまずあって、肉体をそれより下に見て心の大事さが語られることが多いと思いますけど、自分の映画ではまず肉体がありきで、精神がそこに濃厚に宿るイメージがあります。肉体が消えても精神が残る、という期待はしない考え方でずっときてます。

肉体は鋭敏なアンテナ的なもので、宇宙の巡りが電撃的に感応して精神が宿るという感じでしょうか。そうはっきりと意識したのは20代になってからですが、もともと

高校生の多感な時期に、死はひとつの目標地点で、「それまでにやるべきことをやっていくんだ」と思うことで前向きになることができました。

未来の死を曖昧な目標にしないで、「いつか必ず死ぬ」と強く意識し、ハラハラドキドキと考えることで、目の前の〝生〟をありがたく感じ、自分がやれることを「なるべくいっぱいやらなきゃ」って思えたわけです。

今思うこと

高校時代に余命いくばくもない青年画家の話を映画化したのも、その思いをぶつけるためだったんですね。宗教というものがよく分からなくて、僕は今も無宗教です。昔から、宗教とはどうやら生きている間に充足を求めるのではなく、死んだあとの達成のために「祈りを捧げましょう」と教えているように感じたんです。

そういう考えは自分の中にないな、というのが多感な時期に強くあって、それは現在も基本的には変わっていないわけです。

30代で『東京フィスト』や『バレット・バレエ』を作ったときも同じ思いだったのですけれど、それが少し変わってきたのは、子供が生まれて母親が弱り始めた『六月の蛇』とか『ヴィタール』のころでしょうか。

母親が病気になって、その後も生死の狭間を行ったり来たりしているときに、それまでの〝死んだら終わり〟という自分の考えだと、母親にかけてあげられる慰めの言葉がないんです。

そんな母が屈託のない笑顔を見せるのは、僕の子供、母にとっての孫のことを話しているときでした。

自分の子供を見ていると、もちろん強い個性に溢れかえりながらも、かなり自分を正確に複製している箇所が多くて、自分という個体がゆくゆくは消えてしまっても、「こっちの個体があるので大丈夫」といった安心感みたいなものが芽生えて来ました。

以前は「自分が死んだら世界も終わり」という感覚がありましたし、だからこそ自分は絶対死ななくて、飛行機が落っこちて大破し炎上しても、その炎の中から『ターミネーター』のロボットのように自分だけは起き上がって復活するイメージしかなかったんです。でも最近は飛行機が落ちて炎上したら自分は死ぬし、けれども代わりに、「次の世代の人が生き残っていくのだ」と納得して受け入れられるような気持ちになりました。

自分という個人がいなくなっても、それはそんなに大きな問題ではなく、自分は大河の中の一粒にしか過ぎないのだからという、ここにもある種の明るい諦観を感じるんです。

死のことを考えると相変わらずヒヤッとしつつも、今は終わりのポイントではなく、〝大事なことが満ちた〟ポイントだと感じます。「よく頑張った、お疲れさま！」という感じです。

生きている間に「死というポイント」に向かって前向きに頑張っていれば、そのポイントで人類のアベレージが自然と上がる気がするんですよね。後の世界へ何かポジティブな影響を残すと――。そういうことを宗教と結びつけて言う人ももしかしたらいるのかもしれないですね。

第7章
家族への想い
そして新たなる航海へ

大切な人が消えてしまう喪失への恐れ

脚本は毎回、新しいことに挑む気持ちで書き始めるんですけど、何年やってきても方法論というのはなくて、大きな山を崩すように、ああだこうだと模索しながら書いていくうちに、できたときには自然と〝いつもの感じ〟になっているという……。

分かりやすいところで共通するところもありますが、これまで人から指摘されなかった点で大きなことに気づいたのは、大事な人が喪失している状態で物語が始まり、主人公がその影を追い求める、という描写が多いことでした。

『電柱小僧の冒険』では、タイムスリップして行った未来の世界で、自分を守ってくれた女教師が死んでしまい、それが現在の同級生の女の子と分かり、現在の世界で一生少女を大切にしようという物語です。『ヒルコ／妖怪ハンター』は、夏休みにいなくなった少女を求めて学校探索に行く少年たちの物語。『鉄男II BODY HAMMER』は、忘れられた記憶の中の両親を探す物語で、『東京フィスト』は、ふたりのボクサーがぶつかり合うのは、昔死んだ同級生の少女への思いからくるもの。

『バレット・バレエ』は、冒頭に拳銃自殺した恋人の影を追う話。『ヴィタール』は、交通事故で記憶を失った主人公が、記憶を取り戻しながら死んでしまった恋人を思い出していく話。『HAZE』は、心中した女と深層心理の世界で再会する話。『悪夢探偵2』は、首を吊って死んでしまった母の謎を追う話。『葉桜と魔笛』は、もう死んでいてもおかしくない妹の看病を続ける姉の話。

そんな視点で眺めれば、執拗なまでに同じ物語を繰り返していると言えます。もしかしたら、こういう話にどうしてもなってしまうのは、昔から抱いていた母親がいつか消えることへの恐怖が関係しているのかもしれないです。そう思い始めたのはいつのころでしたか、いずれにしても当時の母親が今の僕の年齢よりもずっと若いころで、大きな自分の土台がいつか消えてしまう恐怖があったんです。

特別な出来事があったわけでないんですが、母親って「普通の女の子がただ大きくなっただけ」なんだなという感じがいつもしていて。そういうピカピカとしていた少女が、だんだん年老いて消失していくということに強い痛みの感情があったのかもしれないです。

母への思慕

『六月の蛇』のときに、母親が病気で弱り始めたんです。それまでは自分の関心あるテーマといえば、自分という存在とそれを取り巻く環境、つまり〝都市と人間〟であったわけですが、『六月の蛇』から少しずつ変わっていきます。

子供ができて奥さんが母になり、子供を必死に育てる日々を間近に見ていると、弱っていく母のこともあって、〝母親〟という存在に敬いの気持ちが生じました。

もともとはエロティックサスペンスの被害者のようになるはずだった『六月の蛇』のヒロインを、弱くて陵辱を受けるだけでは終わらせたくないという気持ちが起こってきたんです。

それでも完成した作品が不安で、ヴェネチア国際映画祭で初めて一般客に披露した折には、もしかしたら女性の観客から石を投げられるのでは……と身構えてしまいました。そうしたら、皆さん、大変喜んでくださって、審査員大賞を受賞するのですが、そのときの審査員長がカトリーヌ・ブレイヤというフランスの女性監督だったんですね。日本で公開してからも女性の共感がとても多く、驚きました。

その後、『ヴィタール』という映画のために解剖実習の初めから終わりまでを見学させていただいて、無意識の世界から現世に来て間もない子供と、無意識の世界へ今しも帰ってしまうかも知れない母の間で、〝命の流れ〟を作り出す〝母親〟という存在が目の前でぐるぐる巡っていました。

そのあと母の病気がさらに悪くなったり、少し取り戻したりを繰り返す期間に、『HAZE』、『悪夢探偵』、『悪夢探偵2』、『鉄男 THE BULLET MAN』といった映画を作っていきます。不思議な深層心理の世界を、脂汗をかきながら迷走しているような日々でした。何度も医者には悲観的なことを告げられましたが、必死に母が蘇生するよう手を尽くしました。

ついに母が亡くなったまさにそのときに作っていたのが、妹が介護の果てに死んでしまう少女の話『葉桜と魔笛』です。

母を看ていた間の実感、それから、幼かった子供が病気になって入院した際、隣の小児入院病棟でお子さんが息を引き取る一夜の過程を目撃した経験が作品の中に入りました。自分としては心配していた一番大きなことが起こってしまった事実と、まだ世界に生まれて間もない生命が消えてしまう辛い運命へのやるせない感情が生まれた時期でした。その感情は、若い人が突然命を取られることへの恐れにも繋がっていきます。

母がついに亡くなったときは、自分も臨死体験をしたような気分でしたが、このあと、映画から母が消失するイメージが静かに消え、未来の子供たちを心配する気持ちが膨らんでいったのです。

喧嘩ばかりしていた父への思い

父親は、母親が亡くなったあとに亡くなりましたが、父親に対しての想いはまた違います。

母とはシンプルに愛情を交換し合いましたし、合点がいくまで介護も頑張ったし、もうしょうがないと思えるんですけど、父親に関しては喧嘩ばかりだったので曖昧なわだかまりが残って、それがあとを引いていて複雑な思いがあります。自分も父親なわけで、そもそも父親という立場ってなんなのだろう？　と考えてしまうところがありますね。

子供のころは大きくてかっこよく、仕事もばりばりで尊敬する父でしたが、あるときから喧嘩しかしなくなりました。お正月に実家に戻ると、僕か弟のどちらかが必ず父親と喧嘩をしてキレて帰る、というくらい、父親は挑発的だったので。

父親は「子供なんか俺は嫌いだ」と、僕らもいるのに人前で言う人でした。家族を乗せた車がもし、山で事故に遭いそうになり、自分だけが死にそうになったら、家族を残して死ぬよりもハンドルを思いきり切って家族ごと車を崖に落とすほうがいいとか……、そういう露悪的なことをよく言う人でビビりました。

父親に褒められたことは人生で1回か2回くらいはあったでしょうか。まあ、何をやってもけなされました。

父から受け継いだ絵心

父親は、いつも大声でおそろしげな雰囲気を漂わせていましたが、指はとても細く何をするのも器用でした。商業デザイナーで、商品とかの広告のデザインを仕事にしていたんです。広告の仕事は、昔は緻密な絵を描けなきゃいけなくて、プレゼンをするために文字要素まで綺麗に手描きで入れたものをスポンサーに見せていたんですね。描いたものを家で見せてもらったことがあり、シズルカットの水滴など異様にリアルで感嘆しながら眺めた記憶があります。

教えてもらったことはあまりないと思うんですが、ただ、僕も絵が好きで子供のころからよく描いていました。映画は学んだことはないけれど、絵画に関しては高校、大学時代と本格的に学びました。僕の子供も絵が大好きで、絵を描くことへのこだわりはとても強いです。父がそうだったように、僕もやっぱり特に教えてはいないんですけども。受け継がれる〝血〟ってやはりあるのかなあ、と思ってしまいます。

自分の子供に「ブーブーの絵をリッタイテキに描いて！」とせがまれ、車の絵を立体的に描いてみせるととても喜んで、子供も真似て描いていたことがあり、そういうときに喜びの何かが宿ったのかもしれないですね、正確には分からないですが。

デザインというものを僕が大切に思う感覚は、父親の影響は間違いなくあると思うんです。テレビで一緒に市川崑監督の『股旅』を見たことがあって、タイトルのタイポグラフィーや、映像のデザイン感覚もさることながら、編集のカッティングや曲の使い方などすべてがデザイン感覚に溢れていました。父がそのことを僕に伝えると、僕も嬉しくなって画面を見つめていたのでした。最近、市川崑記念室にうかがう機会があったのですが、そこに掲示されていた写真の、元アニメーターでもあった市川崑監督の指は、父親の指とそっくりでした。

父親が威圧的だったり怒りっぽかったりするのは、相当の恥ずかしがり屋さんで内向的なところもあったんじゃないでしょうか。父を見ているので、自分は普段の生活では威圧的にはなりませんが、父の持つ性格がまったく同じではないまでも自分にもあるのが分かります。僕ももっと社交的だったら得るものは爆発的に多かったのでしょう。内向的ゆえに失ってきたものは計り知れないと思います。でもこればかりはもはや、しょうがないですね。

家族という絆

アットホームというイメージからは遠い父でしたが、ふと回想する一コマがあります。

家族対抗歌合戦みたいな、芸能人が自分の家族を連れてきて一緒に歌うという番組が子供のころにあったんですけど、あれを父はよく見ていたんです。普段は僕と弟、母がどんなに面白がってテレビ番組を見ていても、父が帰宅すれば急いで野球にチャンネルを合わせて出迎えた記憶があり、野球やボクシングをむすっと見ていた父が、なぜ家族ものを見ていたのだろう、と……。

長い闘病生活をしていた母の世話を毎日、父と僕とでしていましたが、父はいつも母に文句を言っていました。相変わらず大声を出して高圧的な父でしたが、『鉄男II〜』の仕上げをしていた年末に、脳梗塞で倒れました。医者は絶望的だと言いましたが、母がどうしても父が緊急入院した病院に行きたいというので、病院から連れ出し、車で父の病院へ連れて行くと、車椅子から懸命に手を伸ばして、父の名を何度も呼びました。すると驚くべきことに父が目を覚まし、しばらくぼんやりしていましたが、母を見て涙を流したのです。

左脳を傷めた父はその後言葉を失いますが、奇跡的に復活します。母はしばらく健常者のように明るくなりました。そんな母も少しして長い闘病生活を終えます。

父が倒れたのを感じたのも母で、「いつも見舞いにくる時間に来ない」と僕に携帯で知らせてきて、「絶対におかしい」と言うのです。スタジオで動けなかった僕は弟に知らせて、弟が実家に駆けつけ、父が倒れているのを見つけました。家族という絆を結びつけているのは、やはり母という存在なのだな、と思う次第です。

今、自分の奥さんと子供との関係がうまくいっているとすごく嬉しいですね。子供が小さいころは、父親が母子の強固な輪から外れたりする寂しさもあったのですが、その寂しさよりも母親と子供がうまくいっていることのほうがホッとします。自分と母親との関係を思い出すからでしょうか。その子供も親離れする年齢になってきました。

子供は映画監督になりたいと今は言ってますけど、どうですかね。なるならなったで面白いし、どうせなるなら好きな映画を作ればいいと思います。好きなことだったら、うまくいかないときも頑張れるし、うまくいったらなお嬉しいはずです。変身ものが好きだから、メジャーな監督になってくれるといいですけど。ヒーロー映画でアメリカへでも渡ってくれないかなあと、思ったりもしています。

新しい船出　海獣号

僕は映画作りを〝命からがらのゲーム〟というふうに考えているところがあって、無責任な言い方に聞こえちゃうかもしれないですけど、そもそもは面白い遊びなんです。ただし、その遊びがラクなものではなく、全身全霊で挑まなければならない命からがらの遊びで、そういうスリルたっぷりなことっていうのは、やっぱり非常に面白いわけです。

そうして何か大事なことを掴み取ることができて、それをお客さんに共感してもらえたら、作る者と観る者の間で、世界を見る目に何か新しいものが降りてきてつながるはずです。

資金を集めて、何とか破綻しないで撮影を終わらせて、思ったような映画になるまで粘って、お客さんに観てもらえるよう最善を尽くし、また次も作り続けられる可能性がある未来に向かっている状態が、オーバーに言えば自分にとって生きていることかもしれません。

命からがらの遊びなので、「お金がいよいよない」というときでさえもスリルを味わっているようなところがあるのかもしれません。

一本の映画が終わりに近づくと、いつも浮かぶイメージがあります。『ジョーズ』（75／監督：スティーブン・スピルバーグ）のラストシーンです。船の上で主人公が、迫り来るジョーズに向かって銃を構える。船底に穴が開き、船が傾ぐ。ジョーズ、迫ってくる。船、もっと傾いで沈みそう。ジョーズ、口をガバッと開ける。――お金がなくなり、海獣シアターが沈没してジョーズに食われるのが先か。それとも映画が完成して入金が先か！

楽観的なのは本当に変わらないんですね。自費で制作する場合はどんぶり勘定で始めてしまうのはいつものことです。あとで大変なことになるのは薄々気づいているんですが。始めるときにそのことをあまり考えないのは、まともな神経をしていたらこんな大それたことは始められないからです。

いつも映画が終わると、負担をかけたスタッフに申し訳なくて地底に引っ込みたくなります。実際引っ込みます。でも、何か作りたい作品が浮かんだとき、また面倒をかけるからやめておこうと思える映画ならやめればいいのです。逆に、発動して止めが効かなくなった映画は、もう迷惑がどうのこうのと考えられなくなった映画なのです。

太平洋を小さなヨットで渡った堀江謙一さんは多くの人から何度となく、こう聞かれたのだとか。

「なぜ、太平洋を渡ったんですか？」

その質問に答えるのはとても難しかったそうです。

もし僕が「なぜ映画なんていうムチャな遊びをするんですか？」と聞かれたら、確かに言葉に詰まります。

そんなとき、堀江謙一さんはいつもただ、こう思ったそうです。

――渡りたいから渡った――。

堀江さんに倣って、自分も新しい「冒険」にまた、ワクワクドキドキしながらチャレンジしていきたいです。

帆を立てて、風が吹けばヨットは前に進みますから――。

おわりに

映画のおかげで、いろいろな場所に行くことができ、いろいろな人と巡り合うことができました。

劇場デビュー作『鉄男』がローマで賞をいただいたころは、海外からファックスが届くと、宇宙から来たメッセージくらい気味が悪くて捨ててしまいたくなったものですが、映画を観てくださった方々の熱狂を知らされるにつけ、その場を体感してみたくなり、思い切って『鉄男Ⅱ BODY HAMMER』では、1年をかけて行けるだけの映画祭に行ってみようと思いました。1992年のことです。

自分の映画が映っている大きなスクリーンを、日本人ではないお客さんが食い入るように観ているとき、明らかに世界が広がっていくのを感じました。

アヴォリアッツで初めて会った外国の監督は、『カルネ』を携えたギャスパー・ノエ。彼との親睦はその後もずっと続くようになります。

そして、ヨーロッパ以外にも、米国、アジアといくつもの国の映画祭を渡っていきますが、同じ年に作品を出したギャスパーとは様々な映画祭で再会し、ギャスパーのお宅に泊めてもらったときに、『カルネ』の中で使われていた「ティアモ（愛してる）」とリフレインする曲がとてもよかったのでカセットに入れてもらいました。

映画祭で働く若い人たちとの交流にも心があたたかくなりました。

海外の映画祭に訪れるようになって間もないころ、彼らと別れひとり飛行機に乗り、雲を飛び越え、皆がいた風景がミニチュアのようになって消えたとき、飛行機という宇宙船で地球の裏からやってきて、この雲の下の小さな町に降り立ち皆に会うことは奇跡のようにも思えました。

今もこの大きな雲の下の一点に彼ら彼女らは生きているのだ、と思うと感傷的になりました。そのときギャスパーがくれた「ティアモ」の曲が口をついて出てきて、この体験を大切にしようと思ったのです。少し前までは、映画を上映するのは日本。日本が全世界だったのに、世界中に観客はいるのだ、友達はいるのだ、と思わせてくれる体験でした。

そのころから隣人と仲良くしているのがいかに当たり前のことかと思うようになりました。映画を作って世界を回ることは、そういうことに気づかせてくれる役目もあるのです。自分にとって映画を巡る冒険とは、世界中の様々な人々と出会い、世界が広くも狭くも感じるようになる旅でもありました。

さて、好き放題やってきた自分ですが、この先、本当にやりたいことをさらに見極めていくべき年齢になりました。

映画作りで突っ走ってきましたが、動けなくなる前に、これをやっておかないと後悔する、ということはないか、としばしば考えます。

やりそびれていること、行きそびれている場所。

目をつぶって考えますと、やはりまだ作られていない映画が浮かびます。

どうしてもやりたい映画がまだあります。

それから家族とのこと。

未来の子供たちのことも心配に感じるようになりました。

様々なトライをしてきましたが、『鉄男』のときに自分の映画を「カルトエンターテイメント」と命名し、ことあるごとにその言葉を見つめ直してきました。矛盾するふたつの言葉。そのバランス。ですが今、カルトとエンターテイメントを、真の意味でもっと極めたものを作らなければならないと感じます。

去年の暮れ、『鉄男』から30年近く僕の映画の音楽を作ってくれた石川忠さんが亡くなりました。

石川さん、本当に長い間ありがとう。おつかれさまです。

石川さんのお棺の中には、乗りたかった車の写真のコピーが入っていました。亡くなる少し前に石川さんが購入したのは、作曲のための新しい機械。『斬、』の音楽も作る気まんまんでいらっしゃいましたから。そして大好きなバイクと車でした。

大事な仕事以外にも心残りをなくそうとしていたのです。

自分の場合は、そう、もうひとつのひそかなライフワーク、秘密基地遊び。これをやっとかないと――。


執筆は、轟夕起夫さんに協力していただきました。

これまでもたくさんの取材をしてくださっているので、限られた取材時間以上の内容に掘り下げてくださいました。

いつもニコニコと、ときに青ざめながらもやはりニコニコと進行してくださった、編集の石田匡弘さんにこのような機会をくださったことに感謝いたします。

山本和久（Donny Grafiks）さんに、可愛くて精密な表紙デザインを作っていただきました。海獣シアターがお世話になっている不動産屋さんの店舗デザイン一式を最近担当されて、駅前の風景がぱっと明るくなりました。

本作りとは、スタッフとの巡り合わせで出来上がりの内容が変わってくるセッションだと思いました。それは映画と同じですね！

読んでくださった皆さんが、ちょっとでも楽しい気持ちになってくださるよう祈りつつ——。

２０１８年11月

塚本晋也

タープライズ／ 11年8月公開／カラー／ 36分
［スタッフ］
監督・脚本・撮影・編集：塚本晋也
原作：太宰治
音楽：石川忠
［キャスト］
河井青葉／徳永えり／國村隼／小林ユウキチ ほか

KOTOKO

2011 ／製作：海獣シアター／配給：マコトヤ（現在配給：海獣シアター）／ 12年4月公開／カラー／ 91分
［スタッフ］
製作・企画・監督・脚本・撮影・編集：塚本晋也
企画・原案・音楽・美術：Cocco
制作協力：シーオーダブルシーオー
［キャスト］
Cocco ／塚本晋也 ほか

野火

2014 ／製作、配給：海獣シアター（2016年4月より配給：新日本映画社）／ 15年7月公開／カラー／ 87分
［スタッフ］
製作・監督・脚本・撮影・編集：塚本晋也
原作：大岡昇平
音楽：石川忠
［キャスト］
塚本晋也／リリー・フランキー／中村達也／森優作／中村優子 ほか

斬、

2018 ／製作：海獣シアター／配給：新日本映画社／ 18年11月公開／カラー／ 80分
［スタッフ］
製作・監督・脚本・撮影・編集：塚本晋也
音楽：石川忠
［キャスト］
池松壮亮／蒼井優／塚本晋也／中村達也／前田隆成 ほか

悪夢探偵 NIGHTMARE DETECTIVE

2006／製作：ムービーアイ・エンタテインメント、海獣シアター、I&S BBDO／配給：ムービーアイ・エンタテインメント（現在配給：海獣シアター）／07年1月公開／カラー／106分
［スタッフ］
監督・脚本・撮影・美術監督・編集：塚本晋也
共同脚本：黒木久勝
音楽：石井忠
［キャスト］
松田龍平／hitomi／大杉漣／原田芳雄／安藤政信／塚本晋也 ほか

悪夢探偵2 NIGHTMARE DETECTIVE 2

2008／製作：ムービーアイ・エンタテインメント、海獣シアター／配給：ムービーアイ・エンタテインメント（現在配給：海獣シアター）／08年12月公開／カラー／102分
［スタッフ］
監督・脚本・撮影・編集：塚本晋也
共同脚本：黒木久勝
音楽：石川忠／川原伸一
［キャスト］
松田龍平／三浦由衣／韓英恵／光石研／市川美和子 ほか

鉄男 THE BULLET MAN

2009／製作：TETSUO THE BULLET MAN GROUP 2009（海獣シアター、アスミック・エースエンタテインメント、Yahoo! JAPAN）／配給：アスミック・エース エンタテインメント／10年5月公開／カラー／71分
［スタッフ］
監督・脚本・撮影・美術監督・編集：塚本晋也
共同脚本：黒木久勝
音楽：石川忠
［キャスト］
エリック・ボシック／桃生亜希子／中村優子／塚本晋也／ステファン・サラザン ほか

妖しき文豪怪談　葉桜と魔笛

2010／制作：NHKエンタープライズ・海獣シアター／配給：NHKエン

[スタッフ]
演出・撮影・編集：塚本晋也
原作：吉本ばなな
音楽：谷川賢作
[キャスト]
りょう

ヴィタール

2004／製作：海獣シアター／配給：ゼアリズエンタープライズ（現在配給：海獣シアター）／04年12月公開／カラー／86分
[スタッフ]
製作・監督・脚本・撮影・美術監督・編集：塚本晋也
音楽：石川忠
[キャスト]
浅野忠信／柄本奈美／KIKI／岸部一徳／國村隼 ほか

玉虫 ～ female ～

2005／製作：セガ、アミューズ、ミコット・エンド・バサラ、ジャパン・デジタル・コンテンツ、モブキャスト／制作協力：海獣シアター／配給：東芝エンタテインメント／05年5月公開／カラー／22分
[スタッフ]
監督・脚本・撮影：塚本晋也
原作：小池真理子（新潮社「小説新潮」）
音楽：石川忠
[キャスト]
石田えり／加瀬亮／小林薫 ほか

ヘイズ／ HAZE-Original Long Version

2005／製作：海獣シアター／配給：ゼアリズエンタープライズ（現在配給：海獣シアター）／06年3月公開／カラー／49分
[スタッフ]
製作・監督・脚本・撮影監督・美術監督・編集：塚本晋也
音楽：石川忠
製作協力：チョンジュ映画祭
[キャスト]
塚本晋也／藤井かほり ほか

音楽：石川忠
[キャスト]
塚本晋也／藤井かほり／塚本耕司／輪島功一／六平直政／竹中直人 ほか

バレット・バレエ／BULLET BALLET
1998／製作：海獣シアター／配給：ゼアリズエンタープライズ（現在配給：海獣シアター）／00年3月公開／87分／モノクロ
[スタッフ]
製作・監督・脚本・撮影監督・美術監督・編集：塚本晋也
音楽：石川忠
[キャスト]
塚本晋也／真野きりな／中村達也／鈴木京香／井川比佐志 ほか

双生児
1999／製作：セディック・丸紅／配給：東宝／99年9月公開／カラー／84分
[スタッフ]
監督・脚本・撮影・編集：塚本晋也
原作：江戸川乱歩「双生児〜ある死刑囚が教誨師にうちあけた話〜」
音楽：石川忠
製作協力：海獣シアター
[キャスト]
本木雅弘／りょう／藤村志保／麿赤児／浅野忠信 ほか

六月の蛇
2002／製作：海獣シアター／配給：ゼアリズエンタープライズ（現在配給：海獣シアター）／03年5月公開／モノクロ＋ブルー／77分
[スタッフ]
製作・監督・脚本・撮影監督・美術監督・照明監督・編集：塚本晋也
音楽：石川忠
[キャスト]
黒沢あすか／神足裕司／塚本晋也／寺島進／不破万作 ほか

とかげ
タイトル：NHK朗読紀行・にっぽんの名作　吉本ばなな作「とかげ」
2003／製作：NHKエンタープライズ21、カズモ／制作協力：海獣シアター／NHK Hi, NHKBS／04年7月放送／カラー／50分

鉄男

1989／製作：海獣シアター／配給：海獣シアター／89年7月公開／モノクロ／67分
[スタッフ]
製作・監督・脚本・撮影・特殊効果・美術・照明・編集：塚本晋也
助監督・撮影・衣裳：藤原京
音楽：石川忠
[キャスト]
田口トモロヲ／藤原京／叶岡伸／塚本晋也／六平直政／石橋蓮司 ほか

ヒルコ／妖怪ハンター

1990／製作：セディック／配給：松竹富士（現在配給：マコトヤ）／91年5月公開／カラー／90分
[スタッフ]
監督・脚本：塚本晋也
原作：諸星大二郎「海竜祭の夜」
音楽：梅垣達志
[キャスト]
沢田研二／工藤正貴／上野めぐみ／竹中直人／室田日出男 ほか

鉄男II　BODY HAMMER

1992／製作：東芝EMI・海獣シアター／配給：東芝EMI（現在配給：海獣シアター）／92年10月公開／カラー／83分
鉄男II　BODY HAMMER スーパー・リミックス・ヴァージョン
93年2月公開／35ミリ／カラー／82分
[スタッフ]
監督・脚本・撮影・美術・照明・編集：塚本晋也
音楽：石川忠
[キャスト]
田口トモロヲ／叶岡伸／塚本晋也／金守珍 ほか

東京フィスト

1995／製作：海獣シアター／配給：海獣シアター、F2株式会社（現在配給：海獣シアター）／95年10月公開／35ミリ／カラー／87分
[スタッフ]
製作・監督・脚本・撮影・美術監督・照明・編集：塚本晋也

制作・監督・脚本・撮影・照明・美術・編集：塚本晋也
助監督：加藤直次郎
[キャスト]
玉虫貞夫／西山紀世子／松元真里子 ほか

新・翼
1978／カラー／40分
[スタッフ]
制作・監督・脚本・撮影・照明・美術・編集：塚本晋也
[キャスト]
坂内英明／玉虫貞夫／福田佐和子 ほか

蓮の花飛べ
1979／カラー／90分
[スタッフ]
制作・監督・脚本・撮影・照明・美術・編集：塚本晋也
助監督：宇田川仁
[キャスト]
塚本晋也／対馬邦美／白山英雄 ほか

普通サイズの怪人
1986／カラー／18分
[スタッフ]
制作・監督・脚本・撮影・照明・美術・編集・特撮：塚本晋也
[キャスト]
田口トモロヲ／塚本晋也／藤原京 ほか

電柱小僧の冒険
1987／海獣シアター製作／カラー／45分
[スタッフ]
製作・監督・脚本・撮影・美術・照明・編集・特殊効果・道具・イラスト：塚本晋也
音楽：ばちかぶり／JUKE JOINT JUNK
[キャスト]
仙波成明／叶岡伸／塚本晋也／田口トモロヲ ほか

塚本晋也監督フィルモグラフィー

原始さん
1974／カラー／10分
[スタッフ]
制作・監督・脚本・撮影・美術・編集・特撮：塚本晋也
[キャスト]
大山格／塚本晋也／塚本三枝子／塚本耕司 ほか

巨大ゴキブリ物語
1975／カラー／50分
[スタッフ]
制作・監督・脚本・撮影・美術・編集・特撮：塚本晋也
[キャスト]
塚本晋也／大山格／大江隆子 ほか

翼
1975／カラー／25分
[スタッフ]
制作・監督・脚本・撮影・美術・編集：塚本晋也
[キャスト]
塚本晋也／大山格／岡本弘子

曇天
1976／60分
[スタッフ]
制作・監督・脚本・撮影・照明・美術・編集：塚本晋也
[キャスト]
塚本晋也／玉虫貞夫／松元真里子 ほか

地獄町小便下宿にて飛んだよ
1977／カラー／120分
[スタッフ]

塚本晋也（つかもと・しんや）
1960年1月1日、東京・渋谷生まれ。14歳で初めて8ミリカメラを手にする。87年『電柱小僧の冒険』でPFFグランプリ受賞。89年『鉄男』で劇場映画デビューと同時に、ローマ国際ファンタスティック映画祭グランプリ受賞。主な作品に、『東京フィスト』、『バレット・バレエ』、『双生児』、『六月の蛇』、『ヴィタール』、『悪夢探偵』、『KOTOKO』、『野火』など。製作、監督、脚本、撮影、照明、美術、編集などすべてに関与して作りあげる作品は、国内、海外で数多くの賞を受賞し公開される。北野武監督作『HANA-BI』がグランプリを受賞した97年にはヴェネチア国際映画祭で審査員をつとめ、05年にも2度目の審査員として同映画祭に参加している。俳優としても活躍。監督作のほとんどに出演するほか、他監督の作品にも多く出演。『とらばいゆ』、『クロエ』、『溺れる人』、『殺し屋1』で02年毎日映画コンクール男優助演賞を受賞。『野火』で15年、同コンクールにて男優主演賞を受賞。そのほかに庵野秀明『シン・ゴジラ』、マーティン・スコセッシ監督『沈黙 –サイレンス–』など。ほか、ナレーターとしての仕事も多い。最新監督作は、池松壮亮・蒼井優主演で、初の時代劇となる『斬、』。この作品は、ヴェネチア国際映画祭のコンペティション部門に正式出品された。

冒険監督《ぼうけんかんとく》

2018年11月30日　初版発行

著者　塚本晋也
発行者　常塚嘉明
発行所　株式会社ぱる出版
〒160-0011　東京都新宿区若葉1-9-16
03(3353)2835—代表　03(3353)2826—FAX
03(3353)3679—編集
振替　東京00100-3-131586
印刷・製本　中央精版印刷株式会社

ISBN978-4-8272-1152-8 C0095